2019年度
北京地区股权投资行业报告

北京股权投资基金协会 编

Beijing Private Equity Association (BPEA)

首都经济贸易大学出版社
Capital University of Economics and Business Press
·北京·

图书在版编目(CIP)数据

2019年度北京地区股权投资行业报告/北京股权投资基金协会编．--北京：首都经济贸易大学出版社,2020.6

ISBN 978-7-5638-3078-7

Ⅰ.①2… Ⅱ.①北… Ⅲ.①股份有限公司—融资—研究报告—北京—2019 ②股权—投资基金—研究报告—北京—2019 Ⅳ.①F279.246 ②F832.51

中国版本图书馆CIP数据核字(2020)第058532号

2019年度北京地区股权投资行业报告
北京股权投资基金协会　编
2019 Niandu Beijing Diqu Guquan Touzi Hangye Baogao

责任编辑	薛晓红
封面设计	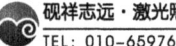
出版发行	首都经济贸易大学出版社
地　　址	北京市朝阳区红庙（邮编100026）
电　　话	(010)65976483　65065761　65071505(传真)
网　　址	http://www.sjmcb.com
E-mail	publish@cueb.edu.cn
经　　销	全国新华书店
照　　排	北京砚祥志远激光照排技术有限公司
印　　刷	人民日报印刷厂
开　　本	787毫米×1092毫米　1/16
字　　数	410千字
印　　张	16
版　　次	2020年6月第1版　2020年6月第1次印刷
书　　号	ISBN 978-7-5638-3078-7
定　　价	49.00元

图书印装若有质量问题，本社负责调换
版权所有　侵权必究

目　　录

第一部分　2019年度北京地区私募股权投资行业发展指数发布及解析

一、2019年上、下半年募资指数均略微上升　　／4

二、2019年投资指标上、下半年均呈现下降趋势　　／4

三、2019年退出指标上半年环比、同比均下降明显　　／5

四、2019年下半年信心指标降到了历史最低点　　／6

第二部分　2019年北京地区股权投资市场统计报告

1　2019年中国股权投资市场现状分析　　／17

　1.1　2019年全国股权投资机构登记情况　　／17

　1.2　2019年全国股权投资市场募资情况分析　　／19

　1.3　2019年全国股权投资市场投资情况分析　　／20

　1.4　2019年全国股权投资市场退出情况分析　　／20

2　2019年北京地区股权投资市场发展概况　　／22

　2.1　2019年北京地区股权投资机构登记情况　　／22

　2.2　2019年北京地区股权投资基金募集情况分析　　／23

2.3 2019年北京地区股权投资机构投资情况分析 / 23

2.4 2019年北京地区股权投资机构退出情况分析 / 25

第三部分 《政府引导基金名录(2020)》

说明/释义 / 30

1 国家级政府引导基金 / 33

2 北京地区政府引导基金 / 54

3 上海地区政府引导基金 / 74

4 深圳地区政府引导基金 / 90

第四部分 政策汇编

关于创业投资企业个人合伙人所得税政策问题的通知 财税〔2019〕8号 / 105

关于在上海证券交易所设立科创板并试点注册制的实施意见 中国证券监督管理委员会公告〔2019〕2号 / 108

中华人民共和国外商投资法 / 116

上市公司重大资产重组管理办法(2019年修正) / 123

关于进一步明确规范金融机构资产管理产品投资创业投资基金和政府出资产业投资基金有关事项的通知 发改财金规〔2019〕1638号 / 144

全国法院民商事审判工作会议纪要 / 147

国家发展改革委 商务部关于印发《市场准入负面清单(2019年版)》的通知 发改体改〔2019〕1685号 / 206

私募投资基金备案须知　　/ 208

全国中小企业股份转让系统分层管理办法　　/ 221

第五部分　北京股权投资基金协会部分会员名录(2020年3月)

北京股权投资基金协会部分会员名录　　/ 235

第六部分　北京股权投资基金协会介绍

北京股权投资基金协会介绍　　/ 247

第一部分

2019年度北京地区私募股权投资行业发展指数发布及解析

第一部分 2019年度北京地区私募股权投资行业发展指数发布及解析

背景介绍：北京地区私募股权投资行业发展指数（以下简称"北京PE指数"）是在北京市地方金融监督管理局的指导和支持下，由北京市金融发展促进中心、北京股权投资基金协会、北京大学金融与产业发展研究中心以及清科研究中心共同编制，并得到多家业内有影响力的PE和VC投资机构支持。北京PE指数以2013年上半年为基期，每半年编制发布一期。

在北京市地方金融监督管理局的指导下，北京市金融发展促进中心、北京股权投资基金协会分别于2019年8月和2020年3月联合发布了2019年上半年和2019年下半年北京地区私募股权投资行业发展指数。2019年上半年北京PE指数为112.32，环比下降1.96%，同比下降1.53%；2019年下半年北京PE指数为115.40，环比上升2.74%，同比上升0.73%。从整体看，2019年北京PE指数有所回升，但仍不及2017年水平(参见图1)。

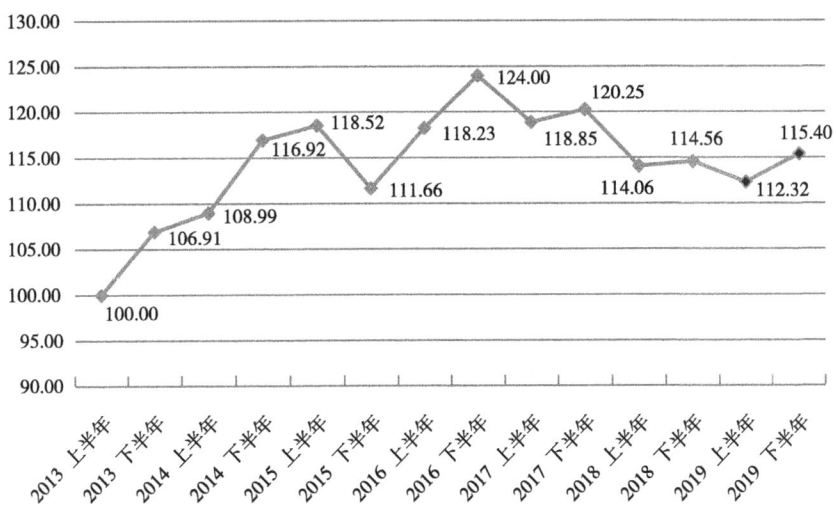

图1 2013年H1—2019年H2 北京PE指数时间序列图

从分项指标上看，2019年上、下半年募资、投资、退出及信心指数呈现如下特点。

一、2019 年上、下半年募资指数均略微上升

2019 年上半年募资指标为 115.39,环比上升 2.86%,同比上升 3.78%;2019 年下半年募资指标为 123.78,环比上升 7.27%,同比上升 10.33%;募资指数较上期均有回升(参见图 2)。2018 年以来,资管新规发布,市场监管趋严,私募股权投资行业向规范化发展。这个过程中叠加宏观经济下行及中美贸易战等因素影响,募资金额曾一度下降。针对股权投资行业的痛点问题,监管部门积极完善政策细则,释放利好信号,如两类基金多层嵌套适度放开、私募基金备案要求更加规范、市场准入隐形壁垒进一步消除等,这也在一定程度上缓解了机构募资压力。2019 年,北京地区募资市场金额上升,主要来自头部机构频频宣布完成的大额基金募集;在人民币募资难的形势下,一些优质机构转向美元基金募集。由此可以看出,2019 年股权投资市场募资规模虽有显著上升,但基金募集的头部聚集效应较明显、中小企业募资难的困境依然存在。

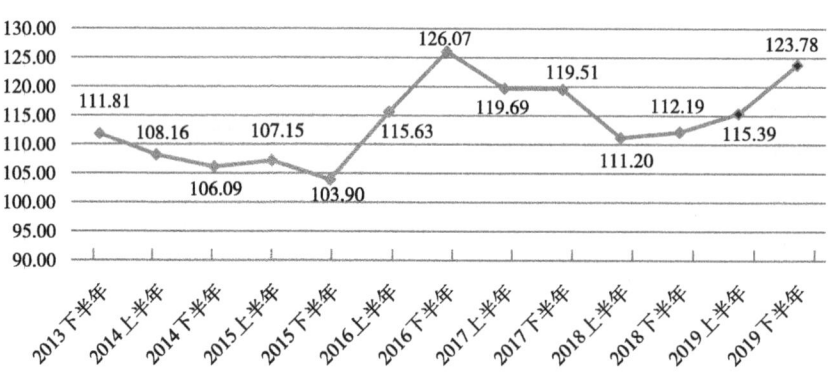

图 2 2013 年 H1—2019 年 H2 北京 PE 指数募资指标时间序列图

二、2019 年投资指标上、下半年均呈现下降趋势

2019 年上半年投资指标为 114.06,环比下降 4.27%,同比下降 3.47%;2019 年下半年投资指标为 113.37,环比下降 0.61%,同比下降 4.85%;2019 年投资指标

持续下降(参见图3)。从过去几期投资指标走势可以看出,2016年以来,投资指标一直相对稳定,但2019年投资指标有所下降,并降到了2016年下半年以来的最低点。在募资端收紧、二级市场表现疲软以及多个独角兽项目上市破发的大环境下,机构投资节奏放缓,投资机构愈发谨慎。在募资难困境未完全消除及二级市场疲软的大环境下,投资市场也渐趋冷静,机构投资普遍趋于谨慎,投资活跃度不断下降。清科报告显示,2019年股权投资市场大额投资案例和投资金额较去年同期均有所下降,经济下行压力以及外部环境不确定性因素增加,机构避险情绪明显,投资阶段与轮次不断后移。

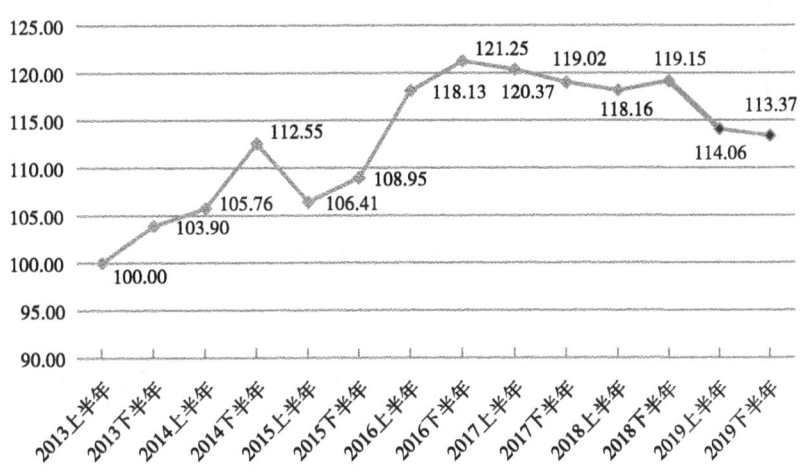

图3 2013年H1—2019年H2北京PE指数投资指标时间序列图

三、2019年退出指标上半年环比、同比均下降明显

2019年上半年退出指标为121.43,环比下降2.37%,同比下降6.68%;2019年下半年退出指标为120.05,环比下降1.13%,同比下降3.48%;退出指标2019年下半年较上半年环比、同比略微下降(参见图4)。目前,中国私募股权投资行业的退出路径仍以IPO为主。但IPO审核从严、过会率不高、发行企业数量减少、排队时间长等情

况在一定程度上影响了股权投资机构的退出。随着科创板的正式开板,从退出端来看,这为股权投资行业开辟了新的退出渠道,缩短了退出周期,拓宽了私募股权基金的退出路径。万得数据显示,2019 年全年 A 股上市新股数量为 203 家,其中科创板上市 70 家。A 股市场新股募资总额 2 533.42 亿元,其中科创板募资总额 824.27 亿元,贡献了 1/3 的新股市场。这也说明科创板的推出带动了 2019 年下半年 A 股市场 IPO 的活跃。相信这些利好政策的推出,也将为股权投资机构的退出留出更广阔的空间。

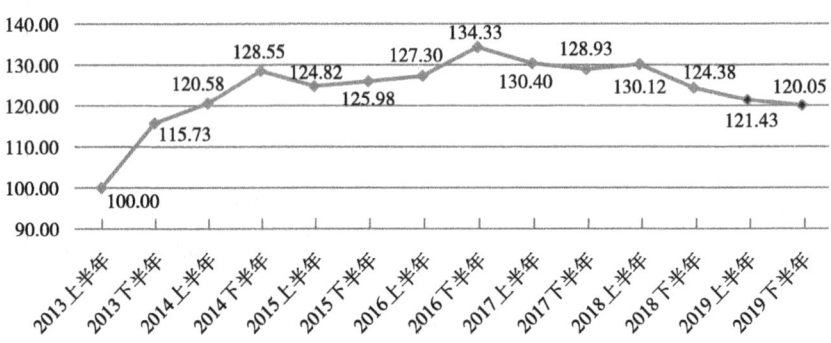

图 4　2013 年 H1—2019 年 H2 北京 PE 指数退出指标时间序列图

四、2019 年下半年信心指标降到了历史最低点

2019 年上半年信心指标为 104.29,环比下降 0.45%,同比上升 0.32%;2019 年下半年信心指标为 98.28,环比下降 5.76%,同比下降 6.18%(参见图 5)。

2019 年下半年信心指标较降幅较为明显,降到了历史以来的最低点。机构调研数据于 2020 年 2 月份收集完成,受新型冠状病毒性肺炎疫情影响,机构对行业未来半年的总体评价并不乐观。从预期分项指标来看,机构投资人对行业总体评价与上期相比虽略微下降,但也是相对中性的状态。自身业务发展预期、投资预期 2 与上期相比均略微下降,投资预期 1、募资预期与上期持平,这也从侧面说明了机构受本次疫情影响对未来投资预期以及自身发展业务预期持相对担忧的态度,对未来募资预

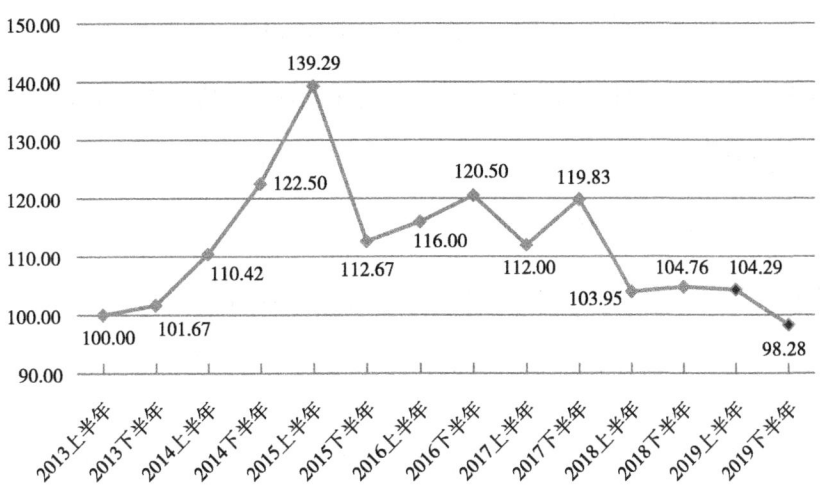

图 5　2013 年 H1—2019 年 H2 北京 PE 指数信心指标时间序列图

期持相对谨慎乐观的态度(参见图 6)。

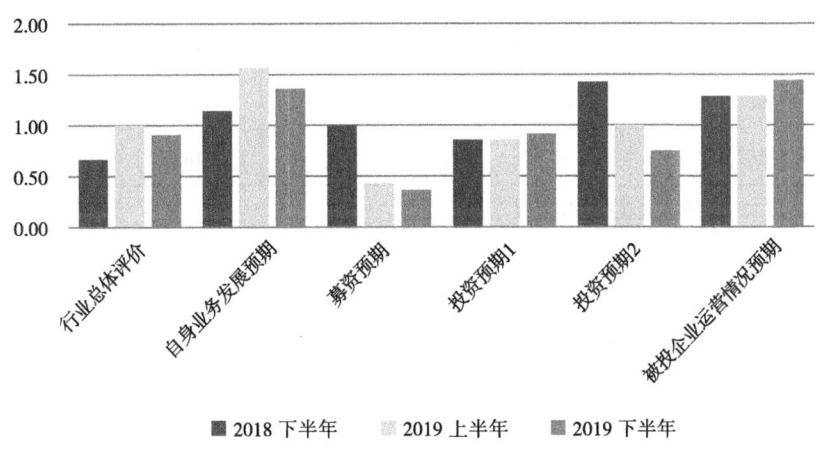

图 6　2018 年 H2 与 2019 年 H1、2019 年 H2 预期分项指标对比图

中国证券投资基金业协会(简称中基协)数据显示,截至 2019 年 12 月底,北京聚集了 4 367 家私募基金管理人,管理基金数量 14 085 只,管理基金规模达 31 754 亿人民币,与 2019 年 6 月底的情况相比均有增长。北京私募基金管理人和管理基金数量低于上海、深圳两地,位居全国第三,但与 2019 年 6 月底数据相比,北、上、深三地仅北京私募基金管理人数量保持增长,北京环比增加29家,上海环比减少25家,深圳环比减少3家。北京管理基金规模大于上海、深圳两地,基金平均管理规模2.25亿元人民币,是全国基金平均管理规模1.68亿元人民币的1.34倍,居全国首位(参见表1和图7)。北京集合了较多的资本和资源,私募机构更容易做大做强。因为北京国有资本比较集中,且国企混改纵深推进增加了对战略性投资的需求,也进一步促成了北京私募基金管理规模最大且重量级私募基金集中的情况。

表1 2019年H1、H2北、上、深以及全国私募基金管理人分布情况

地 区	北京	上海	深圳	全国
私募基金管理人数量(H1)	4 338	4 734	4 569	24 304
私募基金管理人数量(H2)	4 367	4 709	4 566	24 471
管理基金数量(H1)	13 638	21 503	13 758	77 722
管理基金数量(H2)	14 085	22 490	14 251	81 739
管理基金规模(H1)	30 984	28 360	18 223	132 835
管理基金规模(H2)	31 754	29 508	18 173	137 386

来源:中基协12月私募基金登记备案月报

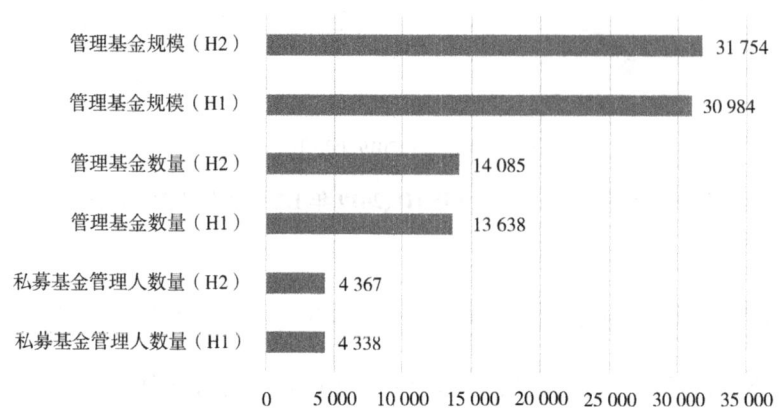

图7 2019年H1、H2北京私募基金管理人情况

从募、投、退的情况来看,清科数据显示,北京地区2019年下半年投资金额和退出金额远远领先于上海和深圳,且均占全国投资总额和退出总额的20%以上。2019年下半年北京地区募资总额更是较上半年增长了868亿元,分别是下半年上海募资总额的4.75倍和深圳募资总额的3.09倍,而北京下半年新募基金数量仅为上海的一半和深圳的1/3,由此可见,北京地区发生的大额募集事件更多。而且北京地区的政府引导基金数量本就领先,2019年北京市科技创新基金、北京城市副中心投资基金等接连成立并开始运作,进一步引导并推动了股权投资市场发展(参见表2)。

表2 2019年北、上、深以及全国募、投、退数据统计

	募资				投资				退出			
	新募基金(支)		募资总额(RMB,M)		投资案例数(起)		投资金额(RMB,M)		退出案例(笔)		退出金额(RMB,M)	
	上半年	下半年	上半年	下半年	上半年	下半年	上半年	下半年	上半年	下半年	上半年	下半年
北京	39	46	37 322.32	124 135.58	925	906	84 777.22	88 642.29	166	307	8 123.59	12 442.85
上海	46	91	25 283.41	26 139.70	616	668	42 350.31	47 246.17	113	302	2 557.54	6 576.60
深圳	147	149	41 853.97	40 201.89	414	431	25 619.20	21 538.99	83	177	3 562.92	4 000.38
全国	1 190	1 368	572 956.24	632 057.96	3 952	3 974	261 090.63	422 930.87	8311	719	32 308.49	49 633.41

来源:清科研究中心

近年来,中国金融市场开放程度、竞争力和影响力不断提升,利好政策频出。2019年7月20日,国务院金融稳定发展委员会办公室发布《关于进一步扩大金融业对外开放的有关举措》,推出11条金融业对外开放措施。北京也积极响应金融业对外开放举措,不断完善金融业开放的制度规则,优化营商环境,营造更加稳定、宽松、

友善的投资环境。10月25日,国家发展改革委、中国人民银行、中国财政部、中国银行保险监督管理委员会、中国证券监督管理委员会、国家外汇管理局六部委联合发布《关于进一步明确规范金融机构资产管理产品投资创业投资基金和政府出资产业投资基金有关事项的通知》(以下简称《通知》),落实"资管新规"对两类基金相关规定另行制定的要求。《通知》明确了两类基金的定义及过渡期安排,一定程度上缓解了两类基金的募资压力,传达了国家鼓励早期投资、长期投资的利好信号。11月,最高人民法院及各部门纷纷出台相关政策,促使私募基金在募资、投资以及投后管理工作方面提升合规经营力度,增强对投资者合法权益的保护力度。11月底,国家发展改革委、商务部两部委发布《市场准入负面清单(2019年版)》,将私募基金纳入其中,进一步明确了私募行业市场准入管理边界。陆续出台的政策为私募基金行业营造了良好的制度环境,有利于推动行业进入规范、透明、高效发展的新阶段。

北京作为私募基金最活跃的城市之一,拥有得天独厚的资源优势。北京市委、市政府为鼓励在京金融机构积极创新、推动良好营商环境建设、吸引外资金融机构落户北京,连续两年实施"9+N"系列优化营商环境举措。北京为外资金融机构建立管家式服务,鼓励金融科技创新等诸多优惠政策及措施,相信未来会有越来越多的私募基金在北京落户展业。

附1 历期指数编制及发布数据汇总

北京PE指数以北京地区私募股权投资行业整体发展情况为基础,通过北京地区当期私募股权投资机构募资、投资、退出情况和机构对未来投融资的信心预期的调研,完成指数编制。

指数编制初期以季度为周期,分别发布了2013年Q3和2013年Q4两期指数,参见附表1。随后根据市场反馈和指数专家委员会的建议,指数编制和发布频率调整为每半年一次,截至目前共发布 14 期指数,参见附表 2。

附表 1　2006—2013 季度指数编制结果

	募资指标	投资指标	退出指标	预期合成指标	行业发展指数
2006 季均	110.77	91.46	64.61	100.00	103.00
2007 季均	111.41	95.91	73.08	100.00	100.68
2008 季均	118.59	102.74	81.99	100.00	107.28
2009 季均	113.76	108.90	91.00	100.00	106.69
2010 季均	119.82	107.33	103.85	100.00	107.81
2011 季均	125.80	115.11	117.32	100.00	113.11
2012 季均	125.48	111.36	115.88	100.00	112.97
2013 第一季度	100.00	100.00	100.00	100.00	100.00
2013 第二季度	110.79	103.14	115.64	100.00	103.96
2013 第三季度	121.10	103.68	100.51	80.85	106.36
2013 第四季度	119.44	107.66	135.96	118.00	114.84

附表 2　2006—2019 年半年度指数编制结果

	募资指标	投资指标	退出指标	预期合成指标	行业发展指数
2006 半年均	103.37	90.45	61.04	100.00	100.18
2007 半年均	103.94	94.59	68.23	100.00	98.07
2008 半年均	110.29	100.95	75.80	100.00	104.07
2009 半年均	106.02	106.69	83.45	100.00	103.53
2010 半年均	111.38	105.22	94.36	100.00	104.55
2011 半年均	116.67	112.46	105.80	100.00	109.37
2012 半年均	116.38	108.97	104.57	100.00	109.24
2013 上半年	100.00	100.00	100.00	100.00	100.00

续表

	募资指标	投资指标	退出指标	预期合成指标	行业发展指数
2013下半年	111.81	103.90	115.73	101.67	106.91
2014上半年	108.16	105.76	120.58	110.42	108.99
2014下半年	106.09	112.55	128.55	122.50	116.92
2015上半年	107.15	106.41	124.82	139.29	118.52
2015下半年	103.90	108.95	125.98	112.67	111.66
2016上半年	115.63	118.13	127.30	116.00	118.23
2016下半年	126.07	121.25	134.33	120.50	124.00
2017上半年	119.69	120.37	130.40	112.00	118.85
2017下半年	119.51	110.02	128.93	119.83	120.25
2018上半年	111.20	118.16	130.12	103.95	114.06
2018下半年	112.19	119.15	124.38	104.76	114.56
2019上半年	115.39	114.06	121.43	104.29	112.32
2019下半年	123.78	113.37	120.05	98.28	115.40

附2 现行指数编制体系构架

北京PE指数体系分为三层架构(参见附图1)。

一级指标FI,即北京PE指数,由二级指标加权综合而得。

二级指标SI,包括现时合成指数与预期合成指数。现时合成指数是由三级定量指标加权综合而得,权重通过合成指标法计算。预期合成指数是由三级定性指标量化后进行简单算术平均而得。

三级指标TI,包括定量指标和定性指标。定量指标是指各机构样本募、投、管、退四个方面的原始数据。定性指标是来源于配套调研问卷数据的指标,包括:行业总体评价、自身业务发展预期、募资预期、投资预期、募资企业运营情况预期。

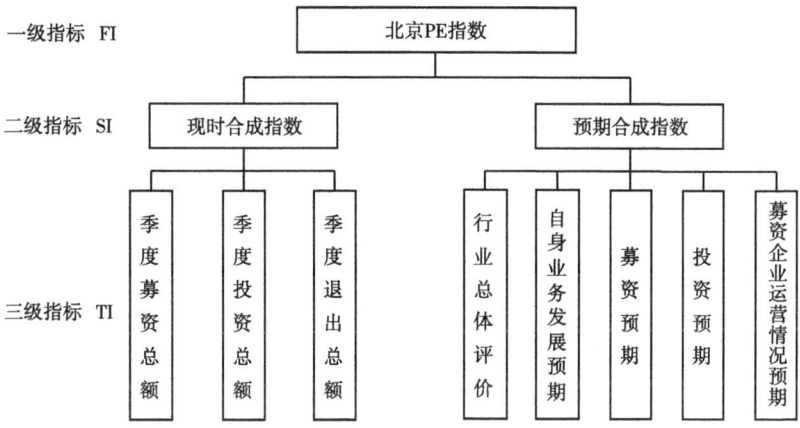

附图1　北京 PE 指数体系构架

第二部分

2019年北京地区股权投资市场统计报告

1 2019年中国股权投资市场现状分析

1.1 2019年全国股权投资机构登记情况

中国证券投资基金业协会发布的数据显示,截至2019年12月底,中国证券投资基金业协会(以下简称基金业协会)已登记私募基金管理人2.45万家;已备案私募基金8.17万支,环比增长0.63%;管理基金规模13.74万亿元,环比下降0.04%。其中,已登记的机构类型为私募证券投资基金的私募基金管理人8 857家,私募股权、创业投资基金管理人1.49万家。已备案的私募证券投资基金4.14万支,基金规模2.45万亿元,较上月增长0.16%;私募股权投资基金2.85万支,基金规模8.59万亿元,环比增加0.26%;创业投资基金7 978支,基金规模1.15万亿元,环比增长1.23%。[①]

另外,2019年新成立且在基金业协会完成登记的私募股权、创业投资和私募资产配置类基金管理人数量仅148家。与此同时,2019年1~12月,在基金业协会登记和注销的私募股权投资、创业投资和私募资产配置类基金管理人数量差距缩小。清科研究中心发现,2015年后新成立且完成登记的私募股权投资、创业投资和私募资产配置类基金管理人数量正逐年下降(参见图1-1)。

---

① 该段提及的私募证券投资基金、私募股权投资基金、创业投资基金均包含相应的FOF基金。其中,私募证券投资基金包含自主发行类及顾问管理类。

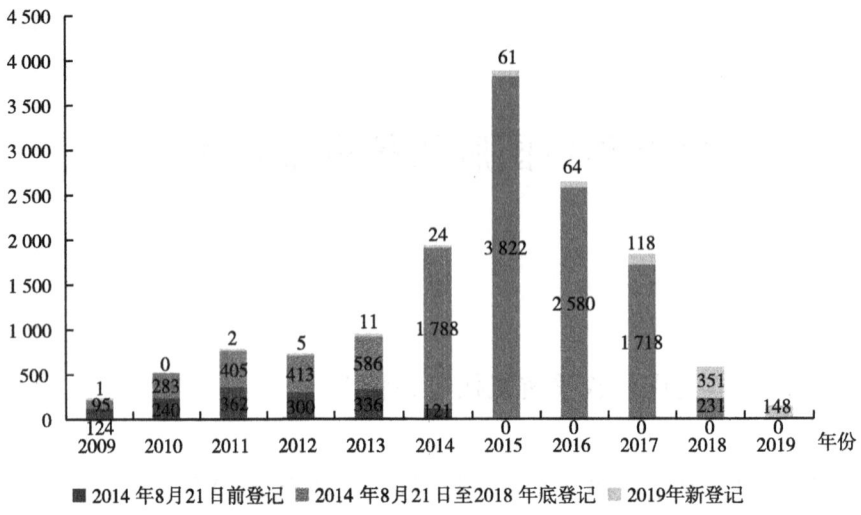

图1-1 截至2019年底,基金业协会已登记私募股权、创业投资和私募资产配置类管理人成立时间分布情况(2009—2019,按机构数量,家)

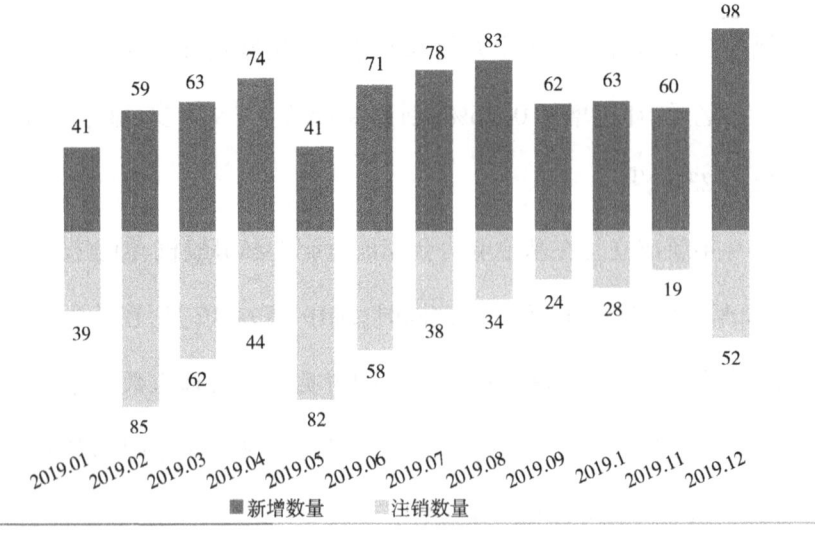

图1-2 2019.01—2019.12基金业协会新登记的私募股权、创业基金管理人和私募资产配置类管理人新增和注销数量(家)

1.2 2019年全国股权投资市场募资情况分析

2019年募资整体延续下滑趋势,降幅收窄。2015年,随着"双创"大发展和"供给侧改革"的推动,大批民营VC/PE机构、国资机构、金融机构、战略投资者等纷纷入场,中国股权投资市场经历萌芽和起步,进入发展期,募资市场释放活力。2016年、2017年连续两年实现募资金额大幅增长,增长率分别为75%和30%。2018年,资管新规发布,市场监管趋严,行业向规范化发展的过程中难逃阵痛,叠加宏观经济下行及中美贸易战等影响因素,募资金额下跌34.3%。2019年,新募集基金共有2 710支,同比下降25.5%,其中披露金额的基金共募资12 444.04亿元人民币,仍低于2016年的市场水平,但降幅缩小至6.6%(图1-3)。

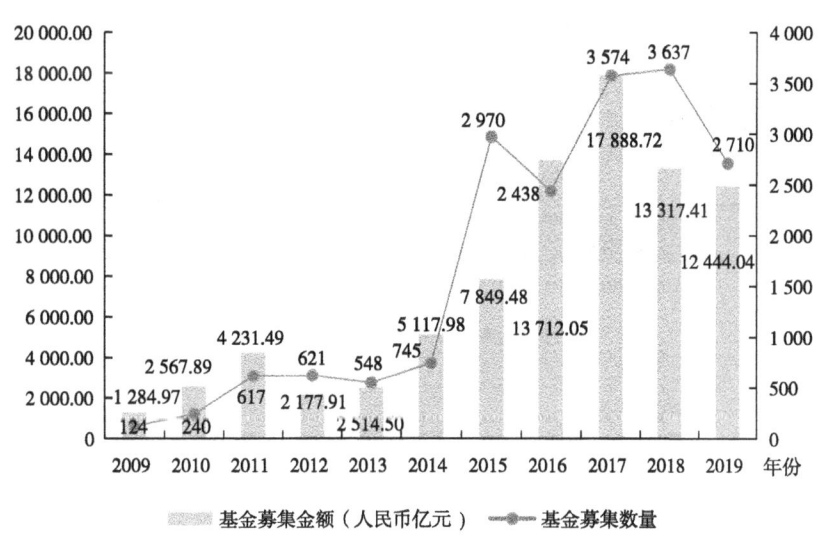

来源:私募通 2020.01　　　　　　　　　　www.pedata.cn

图1-3　2009—2019年中国股权投资市场募资情况分析

1.3 2019年全国股权投资市场投资情况分析

2019年募资端承压,投资持续降温,活跃机构数同比下降。在经济下行压力增大和一二级市场估值倒挂等因素的影响下,我国股权投资市场进入低位运行状态。清科研究中心旗下私募通统计显示,2019年中国股权投资市场共发生8 234起投资案例,同比下降17.8%,其中披露投资金额的案例数为6 702起,共涉及投资金额7 630.94亿元人民币,同比下降29.3%(图1-4)。股权投资市场2019年活跃机构数量约4 000家,较2018年有所下降。

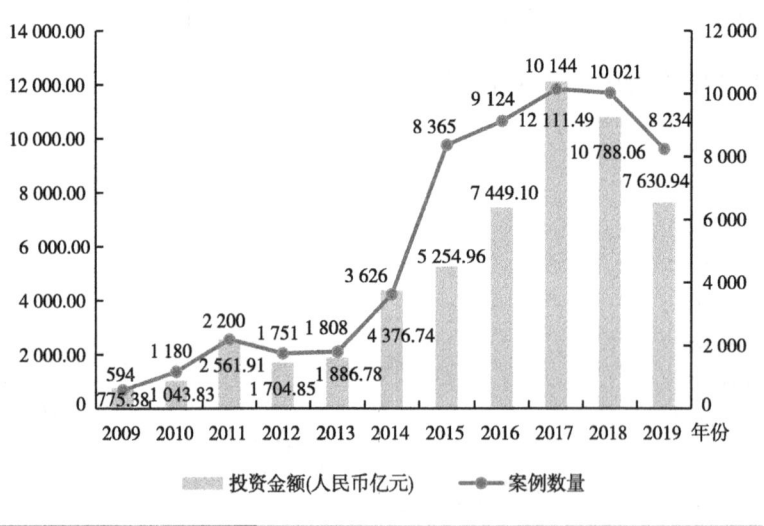

来源:私募通2020.01　　　　　　　　　　　　　　　　www.pedata.cn

图1-4　2009—2019年中国股权投资市场投资情况分析

1.4 2019年全国股权投资市场退出情况分析

清科研究中心旗下私募通统计,2019年全国股权投资市场共发生2 949笔退出,同比上升19.0%(图1-5)。从退出方式分析,被投企业IPO依然是我国股权投资市场退出的主要方式,共发生1 573笔,同比上升57.9%;股权转让、并购方式退出案例分别为583笔、412笔;受市场环境以及机构退出策略转变影响,回购案例数大幅上升至310笔(图1-6)。

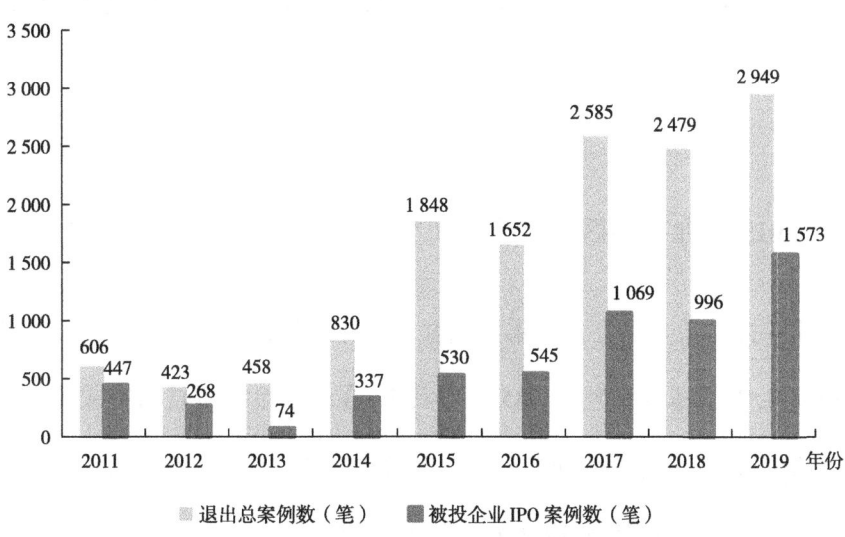

图1-5 2011—2019年中国股权投资市场退出情况比较

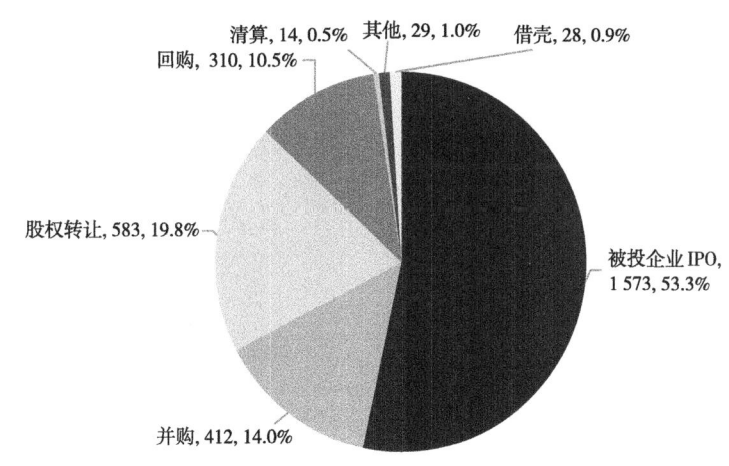

图1-6 2019年中国股权投资市场退出方式分布(按退出案例数,笔)

2 2019年北京地区股权投资市场发展概况

2.1 2019年北京地区股权投资机构登记情况

中国证券投资基金业协会披露数据显示,截至2019年底,北京市私募基金管理人有4 367家,管理基金数为14 085支。其中,在北京市注册且已完成协会登记的私募股权、创业投资基金管理人和私募资产配置类管理人有2 819家,位居广东之后,排名全国第二,在全国的占比为19.1%。从成立时间来看,自2015年开始,北京市注册的私募股权、创业投资基金管理人和私募资产配置类管理人逐年下降,2019年新成立且完成登记的仅有28家,为近十年最低(图2-1)。

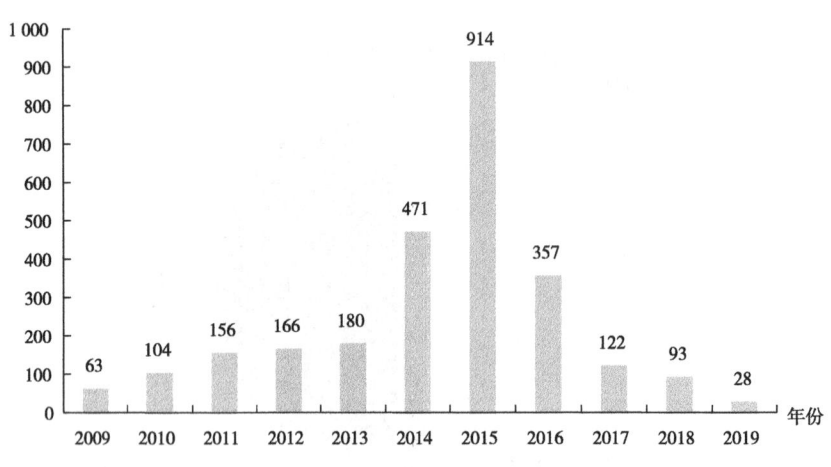

来源:中基协2020.01

图2-1 截至2019年底,基金业协会已登记北京市注册的私募股权、创业投资和私募资产配置类管理人成立时间分布情况(2009—2019年,按机构数量,家)

2.2 2019年北京地区股权投资基金募集情况分析

2019年新募集的人民币基金中有90支注册于北京,仅占全国的3.4%,披露的募资金额为1 653.90亿元人民币,占全国人民币基金募资总额的15.1%。与上年同期数据相比,新募集基金数同比下降1.1%,但募资金额同比上升262.9%。国资背景基金募资是北京市新募资金额攀升的主要原因,其中包括国家军民融合基金、国家集成电路二期基金、中央企业贫困产业基金及国家制造业转型升级基金四只国家级基金以及北京市政府设立的北京城市副中心投资基金。

2.3 2019年北京地区股权投资机构投资情况分析

2019年北京地区股权投资市场共发生投资事件1 998起,同比下降30.5%,占全国总案例数的24.3%。其中,披露投资金额的案例数为1 631起,投资金额1 857.94亿元人民币,占全国投资总额的24.3%;平均投资额为1.14亿元人民币,与全国平均水平基本持平。总体来说,北京市企业获得的投资案例数仍属全国第一,但受经济金融形势影响,投资活跃度有所下降,相比于其他地区的优势正在缩小。

表2-1 2010—2019年北京市股权投资市场投资总量的同比比较

年份	总案例数(起)	同比	总投资金额 (亿元人民币)	同比
2010	259	—	248.30	—
2011	473	82.6%	690.06	177.9%
2012	360	-23.9%	311.39	-54.9%
2013	504	40.0%	611.06	96.2%
2014	871	72.8%	1 729.65	183.1%
2015	2 596	198.0%	1 464.97	-15.3%
2016	2 863	10.3%	2 493.38	70.2%

续表

年份	总案例数(起)	同比	总投资金额(亿元人民币)	同比
2017	2 951	3.1%	4 867.79	95.2%
2018	2 874	-2.6%	3 133.73	-33.6%
2019	1 998	-30.5%	1 857.94	-42.5%

来源：私募通 2020.01　　　　　　　　　　　　　　　　　www.pedata.cn

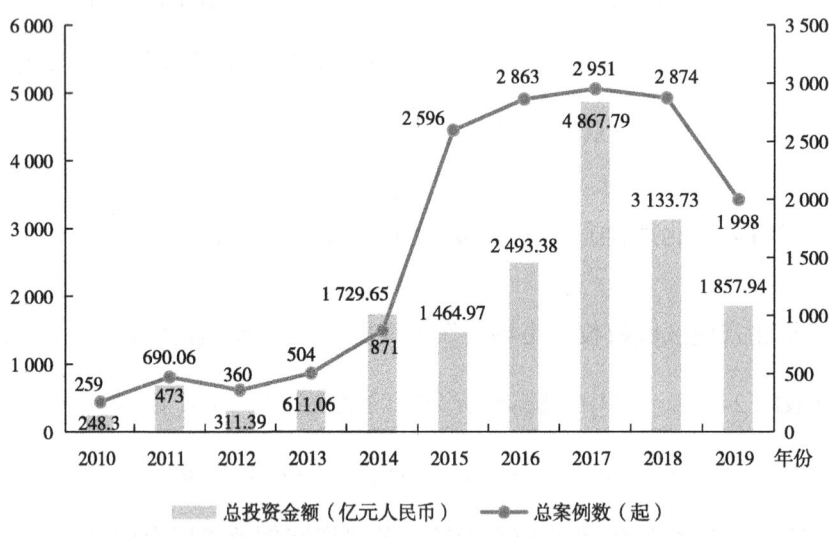

来源：私募通 2020.01

图 2-2　2010—2019 年北京市股权投资市场整体投资情况

大额融资案例数下降是投资金额下降的主要原因。2019 年北京市 10 亿以上（含）融资案例共 35 起，同比下降 28.6%；获得投资金额 954.62 亿元，同比下降 51.8%。大额融资案例数虽同比下降，但占全国的比例仍稳定在三成左右。知名大额融资项目包括车好多、京东健康、快手、旷视科技、知乎等。

战略新兴[①]企业投资占比近八成，文化创意企业投资活跃度下降。从行业分析，

---

① 战略新兴行业包含列为清科一级行业的互联网、电信及增值业务、机械制造、IT、半导体及电子设备、生物技术/医疗健康和广播电视及数字电视。

2019年北京市战略新兴产业投资案例数为1 538起,占北京市股权投资总案例数的77.0%,投资金额为1 489.04亿元,占比为80.1%。从全国范围分析,北京地区战略性新兴产业股权投资案例数仍位居全国第一,占全国战略性新兴产业的比例为25.0%,金额占比为29.6%。此外,受经济周期以及政策影响,文化创意行业投资活跃度大幅下降。2019年北京地区有111家文化创意企业获得股权投资基金支持,披露投资金额为23.79亿元人民币,投资案例数和金额分别占全国文化创意企业的38.1%和29.1%。

2.4 2019年北京地区股权投资机构退出情况分析

与全国数据相比,2019年北京市股权投资市场共发生567笔退出事件,同比下降3.2%,下降幅度高于全国市场。尽管退出案例总数有些许下降,但受科创板利好因素影响,被投企业IPO数量达到245笔,同比上升15.0%。其中,科创板上市退出案例数为85笔,贡献率达34.7%。另外,北京市企业还通过股权转让退出133笔,同比下降23.1%;并购退出103笔,与上年同期基本持平;回购退出显著增加至51笔。

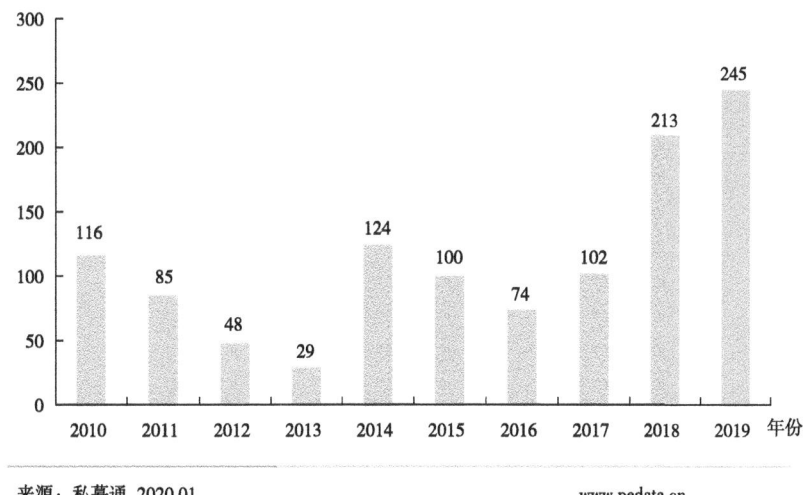

来源:私募通 2020.01　　　　　　　　　　　　　www.pedata.cn

图2-3　2010—2019年北京市股权投资市场被投企业IPO情况分析(按退出案例数,笔)

附:关于清科研究中心

清科研究中心是国内领先的专业股权投资研究机构,一直致力于为众多的有限合伙人、政府机构、VC/PE投资机构、战略投资者、律师事务所、会计师事务所等提供专业的信息、数据、研究、咨询以及培训服务。清科研究中心旗下产品品牌包括:清科研究、私募通、清科咨询、清科投资学院等。

清科研究中心在国内市场的影响力持续提升并保持行业领先地位,截至目前,服务机构数量超700家,其中,服务的政府主要部门包括国家发改委、国家科技部、证监会等,以及超过40个省市地区的金融办、发改委、科技局等机构,深度参与市场分析和相关政策制定。清科研究中心作为国家部委和各地政府引导基金尽职调查和投资顾问服务商,为国家科技部科技成果转化引导基金及吉林省、山东省、天津、深圳、重庆、成都等全国近百个省市地区提供政府引导基金尽职调查、绩效考评等咨询服务。

第 三 部 分

《政府引导基金名录(2020)》

我国政府引导基金从2002年起步发展至今,对创业企业的扶持日趋增强,运作模式也日趋完善。投中研究院的监测数据显示,目前80%的政府引导基金实际放大倍数大于4倍。可见政府引导基金很好地发挥了财政资金杠杆作用,带动了社会资本。

目前,我国政府引导基金的数目和规模越发庞大,截至2019年6月底,国内共成立1 311支政府引导基金,政府引导基金自身总规模达19 694亿元。据投中研究院统计,政府引导基金募资基金群(含引导基金规模+子基金规模)总规模为82 271亿元。但2018年市场遇冷,在资管新规和宏观流动性缩水双重压力下,2019年政府引导基金也进入探索和发展的新关口。

北京股权投资基金协会联合投中研究院、比目鱼方德学院以及广东省创业投资协会、湖南省股权投资协会、江西省投资基金业协会、辽宁省股权和创业投资协会、辽宁省基金业协会、青岛财富管理基金业协会、山东省私募股权投资基金业协会、陕西省创业投资协会、上海市国际股权投资基金协会、深圳市投资基金同业公会、四川省股权与创业投资协会、苏州股权投资基金协会、浙江省股权投资行业协会(顺序不分先后)等国内知名机构和各地方行业协会共同编制了《政府引导基金名录(2020)》,并对外发布。截至2020年3月,已对外发布国家级、北京地区、上海地区、深圳地区四期政府引导基金的详细情况,其他地区引导基金的详细情况将会陆续发布。以下为国家级、北京地区、上海地区、深圳地区政府引导基金的情况。

说明/释义

政府引导基金实际上是一种习惯称谓,尚没有官方文件进行准确定义。我国的政府引导基金以 2002 年中关村创业投资引导资金的成立为开端,并在此之后迅猛发展。

2005 年,在国务院十部委联合发布的《创业投资企业管理暂行办法》中第一次出现引导基金的概念。

2008 年,国家发改委联合财政部、商务部共同出台的《关于创业投资引导基金规范设立与运作的指导意见》中指出:创业投资引导基金(以下简称"引导基金")是指由政府设立并按市场化方式运作的政策性基金,主要通过扶持创业投资企业发展,引导社会资金进入创业投资领域。引导基金本身不直接从事创业投资业务。这也是第一次对引导基金的概念进行了详细定义。

2010 年《政府性基金管理暂行办法》印发,2015 年财政部颁布《政府投资基金暂行管理办法》等,都对我国政府引导基金的发展进行了规范。其中,2015 年 12 月财政部发布的《政府投资基金暂行管理办法》(210 号文)首次明确了政府投资基金的定义:政府投资基金是指由各级政府通过预算安排,以单独出资或与社会资本共同出资设立,采用股权投资等市场化方式,引导社会各类资本投资经济和社会发展的重点领域与薄弱环节,支持相关产业和领域发展的资金。

2016 年 7 月,中共中央、国务院发布《关于深化投融资体制改革的意见》(后文简称《意见》),提出根据发展需要依法发起设立基础设施建设基金、公共服务发展基金、住房保障发展基金、政府出资产业投资基金等各类基金,充分发挥政府资金的引导作用和放大效应。《意见》里提到的几类基金都属于政府投资基金。

2016年12月发改委发布《政府出资产业投资基金管理暂行办法》,明确了政府出资产业投资基金的定义,即指那些具有政府出资,主要投资于非公开交易企业股权的股权投资基金和创业投资基金。

2019年10月,国家发展改革委、中国人民银行、中国财政部、中国银行保险监督管理委员会、中国证券监督管理委员会、国家外汇管理局联合印发了《关于进一步明确规范金融机构资产管理产品投资创业投资基金和政府出资产业投资基金有关事项的通知》(发改财金规〔2019〕1638号)。其中明确了适用该通知的政府出资产业投资基金应同时满足以下条件:

(1)中央、省级或计划单列市人民政府(含所属部门、直属机构)批复设立,且批复文件或其他文件中明确了政府出资的;政府认缴出资比例不低于基金总规模的10%,其中,党中央、国务院批准设立的,政府认缴出资比例不低于基金总规模的5%。

(2)符合《政府出资产业投资基金管理暂行办法》(发改财金规〔2016〕2800号)和《政府投资基金暂行管理办法》(财预〔2015〕210号)的有关规定。

(3)基金投向符合产业政策、投资政策等国家宏观管理政策。

(4)基金运作不涉及新增地方政府隐性债务。

结合上述政策文件,通常把政府发起、对社会资本投资起到引导作用的基金统称为政府引导基金。这类基金不一定完全由政府出资,也会吸收银行、非银金融机构及民间资本等社会资本共同设立,不完全以盈利为目的,主要利用政府资金撬动社会资本,发挥政府资金的杠杆放大效应,引导资本投资方向,以达到招商引资、促进当地产业发展等目的。政府产业引导基金、创业投资引导基金以及科技型中小企业创新基金等都属于政府引导基金。狭义的政府引导基金主要是指政府创业投资引导基金。

本名录所列政府引导基金介于上述广义和狭义之间,是由政府设立的,包括产业引导基金、创业投资引导基金及科技型中小企业创新基金等,投向股权投资基金而非具体项目。只投项目的政策性基金不在此列。

1 国家级政府引导基金

国家级政府引导基金是指由财政部联合各部委共同设立的引导基金,引导基金的资金来源于中央财政。根据2018年5月《上海证券报》的公开报道,截至当时,中央一级的政府专项基金有17支,总量超过8 000亿元。

本名录收录国家级政府引导基金18支(表1),根据发起方的不同,可划分为科技部发起的引导基金、国资委发起的引导基金、工信部发起的引导基金、发改委发起的引导基金等。不同部委发起设立的引导基金又有不同侧重的投资方向和领域,各自代表了各大部委的重点扶持方向和产业发展重点。

表1 国家级政府引导基金名录

序号	名 称	序号	名 称
1	国家科技成果转化引导基金	10	国家服务贸易创新发展引导基金
2	国家中小企业发展基金	11	国家战略性新兴产业发展基金
3	国家新兴产业创业投资引导基金	12	中国农垦产业发展基金
4	中国国有企业结构调整基金	13	国家制造业转型升级基金
5	中国国有资本风险投资基金	14	国创母基金
6	国新国同基金	15	科技型中小企业创业投资引导基金
7	中央企业国创投资引导基金	16	国家军民融合产业投资基金
8	国家集成电路产业投资基金	17	国协一期股权投资基金
9	军民融合发展基金	18	国新央企运营基金

科技部发起的引导基金主要希望通过金融手段,加速科技成果资本化、产业化,促进经济发展新旧动力转换,提高全要素生产率。

国资委发起的引导基金,主要目的在于通过股权投资手段,引导社会资本参与到推进国企改革、深化国企结构调整中来。

1.1 国家科技成果转化引导基金

(1)基金概况：

为贯彻落实《国家中长期科学和技术发展规划纲要》，加速推动科技成果转化与应用，引导社会力量和地方政府加大科技成果转化投入，2014年，科技部、财政部设立国家科技成果转化引导基金（以下简称"转化基金"）。转化基金充分发挥财政资金的杠杆和引导作用，创新财政科技投入方式，带动金融资本和民间投资向科技成果转化集聚，进一步完善多元化、多层次、多渠道的科技投融资体系。

转化基金遵循"引导性、间接性、非营利性、市场化"原则，主要用于支持转化利用财政资金形成的科技成果，包括国家(行业、部门)科技计划(专项、项目)、地方科技计划(专项、项目)及其他由事业单位产生的新技术、新产品、新工艺、新材料、新装置及其系统等。

转化基金支持科技成果转化的方式包括设立创业投资子基金、贷款风险补偿和绩效奖励等。其中，设立创业投资子基金是指转化基金与符合条件的投资机构共同发起设立创业投资子基金，为转化科技成果的企业提供股权投资。

(2)管理机构：

国家科技成果转化引导基金采用事业单位管理。科技部、财政部组织成立转化基金理事会，由科技、管理、法律、金融、投资、财务等领域的专家担任，为转化基金的运行提供必要的决策建议和支持。转化基金第一届理事会共有20人，由法律、财务、科技、创业投资、资本市场、银行信贷等领域的资深专家，以及科技部、财政部有关部门的负责同志共同组成，理事长由招商银行原行长马蔚华同志担任。

国家科技风险开发事业中心(以下简称"中心")，是科技部直属的具有法人资格的中央级事业单位。中心为转化基金的受托管理机构,负责转化基金日常的管理工作(包括设立创业投资子基金、贷款风险补偿和绩效奖励三种支持方式)以及理事会秘书处的工作。

(3)投资领域:

转化基金遵循"引导性、间接性、非营利性、市场化"原则,主要用于支持转化利用财政资金形成的科技成果,包括国家(行业、部门)科技计划(专项、项目)、地方科技计划(专项、项目)及其他由事业单位产生的新技术、新产品、新工艺、新材料、新装置及其系统等。

投资于转化国家科技成果转化项目库中科技成果的企业的资金应不低于转化基金出资额的3倍;其他投资方向应符合国家重点支持的高新技术领域。

(4)存续情况:

转化基金在官网上向社会公示引导基金拟参股设立的子基金,截至2019年底,共参股设立30支子基金。其中,2019年12月对9支拟设立子基金进行了公示,转化基金共计拟出资30.95亿元,9支拟设立基金规模总计109.36亿元,转化基金出资占比28.30%。

1.2 国家中小企业发展基金

(1)基金概况:

2015年9月1日,中国政府决定设立国家中小企业发展基金,重点支持种子期、初创期成长型中小企业。通过中央财政撬动社会资本,共同支持中小企业发展。基金主要采取"母基金"方式运作,与国内优秀创投管理机构形成战略合作,进行市场化投资。同时,国家中小企业发展基金兼具融资担保功能。

(2)管理机构:

国家中小企业发展基金设立了基金理事会。理事会成员由财政部、工信部、科技部、发改委、工商总局五部委组成,理事会办公室设在工业和信息化部中小企业局,负责理事会日常工作。

(3)运作方式:

国家中小企业发展基金采取地方政府申报、公开招标的方式,选择合作的基金管理机构。其中,申请地方政府参与出资的省(自治区、直辖市、计划单列市,下同),由省级中小企业主管部门、省级财政部门联合向国家中小企业发展基金理事会办公室(下称"理事会办公室")提出发起设立基金申请并推荐一家基金管理机构,由理事会办公室组织开展评审,报理事会审定。

(4)存续情况:

2016年,国家中小企业发展基金已设立4支实体基金并开始投入运营,基金总规模195亿元人民币。这4支基金分别为:中小企业发展基金(深圳有限合伙),规模60亿元;中小企业发展基金(江苏有限合伙),规模45亿元;中小企业发展基金(江苏南通有限合伙),规模45亿元;中小企业发展基金(深圳南山有限合伙),规模45亿元。

——中小企业发展基金(深圳有限合伙):国家中小企业发展基金的首支实体基金,由深圳国中创业投资管理有限公司运营管理,规模60亿元。投资行业涵盖新能源新材料、生物医药、互联网、信息技术、高端装备制造、消费品及现代服务以及节能环保等。

——中小企业发展基金(江苏有限合伙):规模达到45亿元,其中,国家中小企业发展基金出资11亿元,江苏省政府投资基金出资6.75亿元,太平财产保险有限公司出资2.4亿元,毅达资本、江苏毅达中小企业发展基金(有限合伙)分别出资4 500万元和24.40亿元。基金将主要投向医疗健康、清洁技术、现代服务、先进制造和新材料、文化、信息技术等领域内的中小企业,尤其是代表未来产业发展方向,有增长潜力的科技型、创新型、成长型中小企业,通过提供资本增值服务,解决其发展瓶颈问题。

——中小企业发展基金(江苏南通有限合伙):2016年7月,清控银杏创业投资管理(北京)有限公司中标国家中小企业发展基金,并于9月完成该支直投基金的募集。该基金由清华控股作为基石出资人,基金为有限合伙制,存续期10年,总规模45亿元。清控银杏是清华控股旗下的创业投资管理机构,自1999年开始从事早期科技投资业务,管理基金规模近100亿人民币。

——中小企业发展基金(深圳南山有限合伙):成立于2016年,目标规模45亿元人民币,由深圳市汇通金控基金投资有限公司、深圳市富海中小企业发展基金股权投资管理有限公司(原深圳市众合瑞民产学研投资管理有限公司)、新余市华邦投资管理中心(有限合伙)、万科企业股份有限公司、深圳市创东方富盛投资企业(有限合伙)、中华人民共和国财政部、深圳市引导基金投资有限公司及安信证券股份有限公司共同发起设立,由深圳市富海中小企业发展基金股权投资管理有限公司(原深圳市众合瑞民产学研投资管理有限公司)担任执行事务合伙人,基金重点投向新材料、新智能制造、大IT、大健康、大消费等国家鼓励的高成长性战略新兴产业。

1.3 国家新兴产业创业投资引导基金

(1)基金概况:

2015年1月,国务院常务会议为促进大众创业、万众创新,实现产业升级,决定设立国家新兴产业创业投资引导基金。2015年8月,国务院正式批复了国家新兴产业创业投资引导基金设立方案(以下简称"引导基金")。引导基金采取社会化管理方式,2016年7月,通过公开招标方式选定了中金佳成、国投高科、盈富泰克三家公司,与财政部、国家发展改革委签订协议,成为国家新兴产业创业投资引导基金管理机构。经过紧张的筹备,2016年12月,中金佳成、国投高科、盈富泰克公司分别完成了基金设立工作。2017年1月,3支国家新兴产业创业投资引导基金正式进入投资运作阶段。

——中金启元国家新兴产业创业投资引导基金：由财政部以及建信投资、博时资本、湖北交投等其他社会出资人共同发起设立，总规模 400 亿元，是国内首支专注于新兴产业创投基金投资和直接投资的国家级基金。引导基金由中国国际金融股份有限公司子公司中金佳成投资管理有限公司担任普通合伙人，由中金启元国家新兴产业创业投资引导基金管理有限公司担任管理公司。2017 年 1 月 10 日，中金启元国家新兴产业创业投资引导基金召开首次合伙人大会。

——国投创合国家新兴产业创业投资引导基金：由财政部、建信投资以及国家开发投资公司等出资人共同发起设立，总规模 178.50 亿元。引导基金 80% 的资金将投资于进行新兴产业早中期、初创期领域投资的创业投资基金，20% 的资金将直接投资于新兴产业领域的成长期企业。经过紧张有序的筹建工作，2016 年 9 月，国投创合国家新兴产业创业投资引导基金完成工商注册。2016 年 12 月，国投创合国家新兴产业创业投资引导基金第一批出资人的首期出资到位。

——盈富泰克国家新兴产业创业投资引导基金：由财政部和深圳红树林创业投资有限公司、深圳市龙岗金融投资控股有限公司、深圳市鲲鹏股权投资有限公司、安徽省高新技术产业投资有限公司、河南国土资产运营管理有限公司、合肥高新建设投资集团公司等出资人共同出资发起设立，基金规模为 92 亿元人民币。2016 年 12 月完成了基金设立工作。

(2) 管理机构：

通过公开招投标形式，委托三家投资管理机构进行管理。

(3) 投资领域：

中金启元国家新兴产业创业投资引导基金主要投资于发展前景广阔的新兴产业，包括节能环保产业、新一代信息技术产业、生物产业、高端装备制造产业、新能源产业、新材料产业、新能源汽车产业、数字创意产业和高技术服务业等。

国投创合国家新兴产业创业投资引导基金重点支持新兴产业领域最具创新活力的早中期、初创期创新型企业成长壮大,落实国家创新驱动发展战略部署。

盈富泰克国家新兴产业创业投资引导基金的80%将投资于从事新兴产业中早期投资的创业投资基金,20%将直接投资于新兴产业中后期企业。

(4)存续情况:

三支引导基金仍处于投资期。

1.4 中国国有企业结构调整基金

(1)基金概况:

中国国有企业结构调整基金是经国务院批准,受国资委委托,由中央企业资本运营公司——中国诚通集团牵头携手中国邮储银行、招商局集团、中国兵器工业集团、中国石化、神华集团、中国移动、中国中车、中国交通建设集团和北京金融街投资(集团)10家机构发起设立的"国家级"股权投资基金。基金总规模3 500亿元,首期募集资金1 310亿元。

(2)管理机构:

诚通基金管理有限公司。

(3)投资领域:

基金将重点关注六大投资方向:一是关系国家安全、国民经济命脉的重要行业、关键领域和重大专项任务;二是中央及地方重点国有企业转型升级、国际化经营、实现创新发展项目;三是中央及地方重点国有企业强强联合、产业链整合、专业化整合和并购重组项目;四是发掘中央及地方重点国有企业重组整合和清理退出过程中的具有投资价值的项目;五是与中央企业以及境内外优秀资产管理机构共同设立专注于特定领域的子基金;六是其他具有经济效益和社会效益的项目。

(4)存续情况:

2017年合资成立第一支子基金国调招商并购基金。作为国企结构调整基金的首支子基金,国调招商并购基金是由中国国有企业结构调整基金股份有限公司、招商局资本控股有限责任公司、深圳市引导基金投资有限公司、深圳市盐田区国有资本投资管理有限公司等出资人共同设立的大型并购基金,由招商局资本投资有限责任公司的控股子公司深圳市招商慧合股权投资基金管理有限公司进行管理。基金目标总规模500亿元,首期规模352.57亿元,将重点围绕企业并购重组、成长型企业、国企混合所有制改革、海外并购等方向进行投资。

《亚洲另类投资》通过大量公开信息,对截至2019年6月国调基金在投资子基金方面的布局进行了梳理:国调基金目前已经投资了18支子基金(剔除了个别项目基金),合作的基金管理人18家,投资规模接近400亿元。

1.5 中国国有资本风险投资基金

(1)基金概况:

2016年8月,经国务院国资委批准,中国国有资本风险投资基金股份有限公司在深圳前海注册成立,首期规模1 000亿元,未来总规模将达2 000亿元。这也是本轮国企改革过程中,全面推进国有资本运营公司试点的重要战略布局。基金由国有资本运营公司试点企业中国国新控股有限责任公司作为主发起人和控股股东,联合建信(北京)投资基金管理有限责任公司、建信资本管理有限责任公司、深圳市投资控股有限公司等机构共同出资设立。

(2)管理机构:

中国国新控股有限责任公司。

(3) 投资领域：

基金重点投资于技术创新、产业升级项目，促进中央企业间合作。同时，基金将积极支持小微企业创新发展，助力大众创业、万众创新。

(4) 存续情况：

从投资项目来看，中国国有资本风险投资基金通过直投或通过国新风险投资管理（深圳）有限公司设立的子基金参与了31个项目的投资，其中包括很多国企、央企的子公司。从行业来看，投资生物医药类企业11个，占比35.48%；其次为信息技术、航天军工、新能源等领域（融资中国2019年9月报道）。

1.6 国新国同基金

(1) 基金概况：

国新国同基金由国务院国资委批准，总规模1 500亿元人民币。基金坚持市场化运作，为中国企业参与"一带一路"建设、促进国际产能和装备制造合作及开展国际投资并购等提供人民币资金和专业支持，追求长期稳定的投资回报。国同基金（一期）规模700亿元人民币，成立于2016年11月，注册于浙江省杭州市，由中国国新、中国三峡集团、中国五矿集团等11家中央企业，浦发银行、中信银行、中国银行、招商银行等4家金融机构和浙江省国有资本运营有限公司共同出资设立。

(2) 管理机构：

国新国际投资有限公司。

(3) 投资领域：

基金支持央企开展国际产能合作、重大国际工程承包、高端制造领域国际并购，促进中央企业补短板、去产能、去库存，同时撬动更多的社会资本支持中国企业"走出去"。

(4)存续情况:

国新国同基金不仅直接投资项目,同时也设立子基金。直投项目方面,国新国同基金投资了众多国企央企投资平台,如中航投资控股有限公司、广西防城港中广核核电产业投资有限公司、浙江浙能投资管理有限公司等。子基金方面,国新国同基金合作的子基金管理人也均为国企央企背景(融资中国2019年9月报道)。

1.7　中央企业国创投资引导基金

(1)基金概况:

2017年5月16日,总规模达1 500亿元人民币的中央企业国创投资引导基金(简称"国创基金")在北京创立。国创基金是在国务院、国资委的指导下,由航天投资控股有限公司代表中国航天科技集团公司,联合中国中车集团、国新国际、中国保险投资基金、中国工商银行、中信信托和北京顺义科技创新集团有限公司等发起设立,首期规模1 139亿元人民币。

(2)管理机构:

国创基金管理有限公司。

(3)投资领域:

国创基金将主要投向处于世界先进水平、技术经过产业化验证、市场空间巨大、成长迅速的航天、核能、船舶等军民融合产业,以及高铁、先进电网装备、新一代信息技术、清洁能源、新能源汽车等产业,并对量子通信、3D打印、机器人、石墨烯、碳纤维、高温合金、高强轻质合金、生物医药、节能环保等一批央企优质项目进行投资布局。

(4)存续情况:

从投资方向来看,中央企业国创投资引导基金除了参与航天租赁(天津)有限公司、航天投资控股有限公司、东方红卫星移动通信有限公司等航天领域的企业直接投资以外,还与中车资本、航天投资合作设立子基金(融资中国 2019 年 9 月报道)。

1.8 国家集成电路产业投资基金

(1)基金概况:

2014 年 9 月,规模为 987.20 亿元的国家集成电路产业投资基金成立。基金采用公司制形式,由财政部和国开金融、中国烟草、亦庄国投、中国移动、上海国盛、中国电科、紫光通信、华芯投资发起。

(2)管理机构:

华芯投资。

(3)投资领域:

基金重点投资集成电路芯片制造业,兼顾芯片设计、封装测试、设备和材料等产业,实施市场化运作、专业化管理。

(4)存续情况:

国家集成电路产业投资基金第二期已于 2019 年 7 月募集完成,规模 2 041.50 亿元人民币。基金二期得到包括财政部、中国烟草、三大运营商及集成电路产业投资公司等多方资金的支持。股东出资方面,我国财政部出资 225 亿元,占比 11.02%,中国烟草认缴 150 亿元,三大运营商合缴 125 亿元。

1.9 军民融合发展基金

(1)基金概况:

2017 年底,为落实军民融合发展国家战略,带动各类社会资本进入该领域,推动军民融合取得实质性进展,经中央军民融合发展委员会办公室同意,国家发改委与国投集团共同牵头发起设立首支国家级军民融合基金,基金总规模1 000亿元,首期规模100亿元。

(2)管理机构:

国投创合(上海)投资管理有限公司。

(3)投资领域:

基金投资领域将立足中央提出的军民融合发展六大重点领域和六大新兴领域,突出军事优先、军为首要,重点支持保军类项目,依据三条主线展开投资行为:一是重点聚焦细分领域,满足军工武器装备升级需求,聚焦"民参军"重点细分领域进行参股型投资,重点关注信息化、高端装备制造、新材料三个方向;二是关注军工体系效率提升,关注军工相关政策带来的红利释放,积极参与军工企业混改和科研院所改制;三是关注前沿核心技术,针对军工领域急需核心技术,解决"卡脖子"问题,开展相关投资。

(4)存续情况:

2018年1月,国投集团与国家发改委、上海市政府就共同发起与军民融合发展基金落地等重要事项达成共识,确定基金注册于上海市。2018年3月,基金取得营业执照。截至目前,基金已完成合伙协议签署,正式进入投资运营阶段。

2018年11月,国投集团发起设立的军民融合发展基金首批出资方完成合伙协议签署,并启动首期出资工作,基金进入投资运营阶段。

1.10 国家服务贸易创新发展引导基金

(1)基金概况:

2018年,经国务院批准,国家服务贸易创新发展引导基金由财政部、商务部、招商局资本管理有限责任公司共同发起,中央财政引导社会资金出资设立。

服贸基金总规模300亿元人民币(币种下同),分三期募集。

服贸基金按照"母基金参股子基金+母基金直投项目"方式运作。一是增资和新设投资于服务贸易相关领域的私募投资基金;二是安排部分资金用于直接投资符合一定条件的服务贸易企业。

(2)管理机构:

招商局资本管理(北京)有限公司负责管理服贸基金,对潜在投资项目进行调查、分析、筛选、评估,由投资决策委员会(以下简称"投决会")进行投资决策。服贸基金管理机构设立项目库(https://FMFund.cmft.com),作为项目信息征集、筛选、管理的平台载体。

(3)投资领域:

服贸基金及其子基金投资的企业应满足下列条件之一:

①符合商务部等部门制定的《服务出口重点领域指导目录》列明的重点领域;

②符合商务部等部门制定的《服务外包产业重点发展领域指导目录》列明的重点领域;

③列入《国家文化出口重点企业目录》的服务贸易企业;

④商务部等部门文件中明确的服务贸易发展的其他重点领域。

(4)存续情况:

服贸基金首期基金规模100.08亿元,截至2019年1月,已完成首期资金的认缴工作,并开始投资运营。

1.11 国家战略性新兴产业发展基金

(1)基金概况:

2018年6月国家发展改革委网站显示,为深入学习贯彻习近平新时代中国特色社会主义思想和党的十九大精神,全面落实《中华人民共和国国民经济和社会发展第十三个五年规划纲要》和《"十三五"国家战略性新兴产业发展规划》,加快建设实体经济、科技创新、现代金融、人力资源协同发展的产业体系,培育发展新动能,强化金融支撑战略性新兴产业发展的能力,国家发展改革委副主任林念修与中国建设银行行长王祖继签署了《关于共同发起设立战略性新兴产业发展基金的战略合作备忘录》。

国家发展改革委与中国建设银行将建立战略合作机制,以支持战略性新兴产业发展壮大为目标,共同发起设立国家级战略性新兴产业发展基金,并通过设立子基金等方式进一步吸引社会资金,基金目标规模约3 000亿元。

(2) 管理机构:

基金托管方为中国建设银行,基金管理人是建信宁波。

(3) 投资领域:

基金具体将投向新一代信息技术、高端装备、新材料、生物、新能源汽车、新能源、节能环保和数字创意等战略性新兴产业领域,支持战略性新兴产业重大工程建设,突出先导性和支柱性,优先培育和大力发展一批战略性新兴产业集群,构建产业体系新支柱。

(4) 存续状况:

2018年11月28日,建设银行发布公告,建设银行子公司拟对战略性新兴产业发展基金(以下简称"基金",暂定名,以最终市场监督管理机构登记名称为准)出资53亿元。建设银行四家子公司参与基金基石投资,其中建信人寿拟出资金额为30亿元人民币,建银国际拟出资金额为10亿元人民币,建信投资拟出资金额为8亿元人民币,建信信托拟出资金额为5亿元人民币。基金由建设银行与国家发改委共同发起设立,目前仍处于筹备阶段,尚未完成工商登记。由此可知,基金目前处于筹备募资阶段。

1.12 中国农垦产业发展基金

（1）基金概况：

2018年1月26日，财政部发布消息称，财政部牵头筹建中国农垦产业发展基金（下称"农垦基金"）。农垦基金计划规模500亿元左右，首期规模100.08亿元，其中，中央财政出资20亿元，生命保险资产管理有限公司出资35亿元，招商局资本控股有限责任公司出资20亿元，其他出资人分别为农银金融资产投资有限公司、北京首农食品集团有限公司、北大荒投资控股有限公司、海南农垦金融控股有限公司等。据了解，2017年以来，财政部围绕农垦基金设立开展了大量工作，2017年11月，基金各出资人已签订了农垦基金有限合伙协议，农垦基金正式设立；12月下旬，财政部已拨付中央财政出资20亿元。

（2）管理机构：

农垦基金由招垦资本管理（北京）有限公司负责管理。招垦资本管理（北京）有限公司2017年10月在北京市房山基金小镇成立，是招商局资本的全资子公司。

（3）投资领域：

财政部表示，将加强对农垦基金运行的监督指导，积极发挥财政资金的杠杆作用，通过盘活存量资产，吸引社会资本投入垦区企业，整合垦区重要农产品的生产、加工和流通，推进资源优化配置，促进质量兴农、农业农村绿色发展和产业转型升级。

（4）存续情况：

2019年4月22日，财政部发布消息称，中国农垦产业发展基金已投资4.5亿元，支持海南农垦设立农业产业投资基金、农垦产业发展股权投资基金。以上两支基金紧密围绕海南省自由贸易港建设、海南现代化经济体系改革、农垦产业发展以及大农业、大消费品、旅游消费、现代服务、高新技术等战略方向进行产业布局,服务和融入国家重大战略,助推国家和海南深化改革开放建设。

1.13 国家制造业转型升级基金

(1) 基金概况:

2019年11月18日,中国中车股份有限公司(简称"中国中车",证券代码601766.SH,1766.HK)公告显示,共19位股东参与由中华人民共和国财政部等共同发起设立的国家制造业转型升级基金股份有限公司。基金公司的注册资本为1 472亿元人民币。中华人民共和国财政部认缴出资225亿元,持股比例为15.29%;国开金融有限责任公司认缴出资200亿元,持股13.59%;中国保险投资基金二期(有限合伙)、中国烟草总公司分别认缴出资150亿元,持股10.19%。

(2) 投资模式:

从投资模式来看,基金公司可采取管理团队自主开展投资与管理公司受托开展投资等方式运行,具体资金比例根据实际情况由基金公司董事会的决定确定。

(3) 投资领域:

基金主要投向新材料、新一代信息技术、电力装备等领域的成长期、成熟期企业。

(4) 存续状况:

该基金公司已于2019年11月在工商登记管理部门登记设立,尚未向中国证券投资基金业协会办理备案登记手续。

1.14 国创母基金

(1) 基金概况:

国创母基金由国家开发银行全资子公司国开金融有限责任公司和前苏州创业投

资集团(现"元禾控股")共同发起设立。国创母基金分PE(私募股权投资)母基金和VC(风险投资)母基金两个板块。PE板块名为国创开元股权投资基金,首期规模100亿元,由国开金融为主进行管理,VC板块名为国创元禾创业投资基金,首期规模30.1亿元,由苏州创投集团为主进行管理。此外,国创母基金还邀请了国际知名的母基金管理机构尚高资本参与管理。

国创母基金注册地为苏州工业园区。这支国家级母基金的发起方之一苏州创投集团是苏州工业园区下属大型股权投资集团,其资产管理规模达数百亿元,是中国私募股权基金市场的探索者和先行者。2006年,苏州创投集团与国家开发银行合作设立和运作了苏州工业园区创业投资引导基金。国创母基金的成立是双方多年密切合作的延续和升级。

(2)管理机构:

国创开元股权投资基金执行事务合伙人为国开开元股权投资基金管理有限公司。

国创元禾创业投资基金执行事务合伙人为苏州工业园区元禾辰坤股权投资基金管理中心(有限合伙)。

(3)投资领域:

国创开元股权投资基金主要投资于专注产业整合、并购重组的股权投资基金;国创元禾创业投资基金主要投资于专注早期和成长期投资的创投基金。

(4)存续情况:

2015年10月31日,苏州工业园区举行国创母基金(二期)签约仪式。自国务院批复同意"苏州工业园区开展开放创新综合试验"后,苏州工业园区围绕确定的目标任务,制定"路线图",明确"时间表",加快推进各项工作任务的落实。

1.15 科技型中小企业创业投资引导基金

(1) 基金概况：

科技型中小企业创业投资引导基金专项用于引导创业投资机构向初创期科技型中小企业投资。基金的资金来源为两部分：一是中央财政科技型中小企业技术创新基金；二是从所支持的创业投资机构回收的资金和社会捐赠的资金。引导基金按照项目选择市场化、资金使用公共化、提供服务专业化的原则运作。基金的引导方式为阶段参股、跟进投资、风险补助和投资保障。

(2) 管理机构：

财政部、科技部聘请专家组成基金评审委员会，对基金支持的项目进行评审；委托科技部科技型中小企业技术创新基金管理中心负责引导基金的日常管理。

(3) 投资领域：

基金的支持对象为在中华人民共和国境内从事创业投资的创业投资企业、创业投资管理企业、具有投资功能的中小企业服务机构及初创期科技型中小企业。创业投资企业，是指具有融资和投资功能，主要从事创业投资活动的公司制企业或有限合伙制企业。创业投资管理企业，是指由职业投资管理人组建的为投资者提供投资管理服务的公司制企业或有限合伙制企业。具有投资功能的中小企业服务机构，是指主要为初创期科技型中小企业提供创业辅导、技术服务和融资服务，且具有投资能力的科技企业孵化器、创业服务中心等中小企业服务机构。初创期科技型中小企业，是指主要从事高新技术产品研究、开发、生产和服务，成立期限在5年以内的非上市公司。

(4) 存续情况：

2012年，基金立项286项，安排财政补助资金2亿元。阶段参股项目立项13项，安排参股预算资金 3.1 亿元,引导创业投资机构已投资 16.45 亿元,意向投资 5.46 亿元。

首批 6 家基金阶段参股项目的资金退出收缴工作顺利完成。6 家阶段参股创投机构累计募集资金 13.5 亿元,其中基金出资 1.59 亿元,基金的杠杆放大作用约 7.5 倍,企业在得到创投机构的资本注入和专业辅导后普遍有了长足发展。

1.16 国家军民融合产业投资基金

(1)基金概况:

国家军民融合产业投资基金成立于 2018 年 12 月 24 日,由财政部和国防科工局发起,中航资本控股股份有限公司牵头设立,规划总规模 1 500 亿元,首期 560 亿元,基金存续期 10 年。基金采取公司制形式,基金管理公司由惠华基金管理有限公司担任。

(2)管理机构:

惠华基金管理有限公司。

(3)投资领域:

基金采用股权投资方式,可直接投资于军民融合产业中具有核心专利、技术的优质企业或具有广阔技术应用前景的成长期、成熟期高科技企业,兼顾初创期企业以及军民科技成果推广应用项目,也可以作为母基金发起设立或参股地方政府、其他企业设立的军民融合产业投资基金等。

(4)存续情况:

现基金已实际到位 112 亿元,并完成对北京国发航空发动机产业投资基金中心(有限合伙)、江南造船(集团)有限责任公司等十余个直投项目的投资。

1.17 国协一期股权投资基金[深圳市国协一期股权投资基金合伙企业(有限合伙)]

(1)基金概况：

根据十八大确定的新时期改革开放发展蓝图、"一带一路"国家战略以及当前国内国际经济形势，协同做好国内市场和国际市场，在稳定国内经济增长的同时，高效率、高质量地国际化、走出去，是中央企业在十三五期间的重要使命。为完成该使命，中央企业需要实业和金融的结合，需要资本的支持，需要有效的风险管控，也需要国际化、市场化和专业化的平台机制的支撑和保障。为此，招商局资本投资有限责任公司在国务院国有资产监督管理委员会的指导下，结合招商局集团的优势、核心产业，发起设立了一支总规模300.095亿元人民币的专注于投资国内外优质项目的私募股权基金——深圳市国协一期股权投资基金合伙企业(有限合伙)。

(2)管理机构：

深圳市招商国协壹号股权投资基金管理有限公司(简称国协壹号管理公司)，作为国协一期股权投资基金的普通合伙人及管理公司，由招商局资本管理有限责任公司全资设立，注册资本1 000万元人民币，注册于深圳市前海自贸区。

(3)投资领域：

国协一期股权投资基金将结合招商局三大板块的优势和招商资本的历史投资经验，聚焦投资于能带来稳定现金流、高成长特性的企业股权或资产，具体包括八大方向：物流园区开发和现代物流、基础设施与城市建设、金融特殊资产、新能源与节能环保、高端装备与精密制造、信息技术、医药医疗与生物科技、文化传媒与新型消费。通过对相关领域的优质企业或项目进行股权投资等多种方式投资，在被投资企业发展成长后退出以获得资本增值，同时实现国有资本的保值增值。

1.18 国新央企运营基金

(1)基金概况:

国新央企运营基金成立于2017年,目标规模1 500亿元人民币,首期规模500亿元人民币,由中国国新控股有限责任公司、广州市人民政府、上海浦东发展银行股份有限公司及广州产业投资基金管理有限公司共同发起设立,由国新央企运营投资基金管理(广州)有限公司负责管理。

(2)管理机构:

国新央企运营投资基金管理(广州)有限公司。

(3)投资领域:

基金主要聚焦于关系国家安全、国民经济命脉的重要行业和关键领域、前瞻性战略性产业和具有核心竞争力的优势企业,围绕中央企业"瘦身健体"、提质增效及国有企业深化改革的重要任务,重点投资于中央企业"三去一降一补"供给侧结构性改革,发展混合所有制经济。

2 北京地区政府引导基金

北京地区录得19家政府引导基金,其中市级6支,区级13支(表2)。中关村、海淀区是政府引导基金开展较早的区域,区内有多种类型的引导基金,通过引导基金引导区内产业发展,已较为成熟。

表2 北京地区政府引导基金名录

序号	名 称	序号	名 称
1	北京高精尖产业发展基金	11	北京经济技术开发区科技创新基金
2	北京创造·战略性新兴产业创业投资引导基金	12	昌平中小微企业双创发展基金/昌平中小企业成长投资基金
3	北京市中小企业创业投资引导基金	13	北京朝阳文创母基金/朝阳区文化创意产业发展引导基金
4	北京京国瑞国企改革发展基金		
5	北京市科技创新基金	14	北京市文化创意产业创业投资引导基金
6	北京市工艺美术发展基金	15	海淀区创业投资引导基金
7	中关村协同创新基金	16	海淀区科技成果转化和技术转移引导基金
8	中关村天使投资引导资金	17	海淀区文化创意产业投资引导基金
9	中关村现代服务业创业投资引导基金	18	大兴区产业引导母基金
10	西城区产业创投引导基金	19	中关村并购母基金

2.1 北京高精尖产业发展基金

(1)基金概况:

2015年,为加快构建高精尖经济结构,促进首都经济转型升级,转变政府财政资金使用方式,经北京市人民政府批准,市经济信息化局、市财政局联合设立了北京高精尖产业发展基金(简称"高精尖基金")。

高精尖基金由母子基金构成,即"1+N"模式。母基金由市级财政出资设立,以参股或合伙方式与社会资本共同设立子基金。高精尖基金计划总规模200亿元,其中母基金财政资金出资规模50亿元。高精尖基金选择具有一定资本实力的社会出资人作为子基金的发起人,选择基金管理经验丰富、资金募集能力强的管理团队,共同设立子基金。

高精尖基金有四种基金投资类型:并购型基金、股权型基金、项目型基金、区域型基金。其中,并购型基金通过优化行业资源配置,推进符合高精尖产业特征的龙头企业并购重组;股权型基金投资于处于成长期并具有潜力的发展型高精尖企业,促进企业快速发展、做优做强;项目型基金以符合高精尖领域的重点项目为投资标的,通过基金投资促成项目落地,带动相关产业发展;区域型基金通过协同区域主管部门,重点投资于符合区域发展定位的高精尖企业,助推形成区域特色优势行业。

(2)管理机构:

高精尖基金的最高权力决策机构是由北京市经信委和北京市财政局联合组成的联席会议,联席会议对基金重大事项做最终决策。高精尖基金的资产所有权、管理权是分离的,资产所有权属于北京市经信委下属事业单位,而在基金实际运作的时候,委托专业机构来行使管理权。

高精尖基金委托北京国资公司下属的北京国融工发投资管理有限公司进行管理。

(3)投资领域:

高精尖基金以《北京加强全国科技创新中心建设总体方案》以及《北京市加快科技创新发展新一代信息技术等10个高精尖产业指导意见》为指导,瞄准世界科技前沿,围绕国家战略需求,聚焦新兴领域、高端环节和创新业态。重点投资于新能源智能汽车、集成电路、节能环保、智能制造系统与服务、自主可控信息系统、云计算与大数据、新一代移动互联网、新一代健康诊疗与服务、通用航空与卫星应用、新材料、新能源、现代都市、人工智能、智慧城市、军民融合等领域。

(4) 存续情况：

截至 2018 年底，高精尖基金已进行了 5 个批次的合作机构征集，确认合作子基金 17 支，认缴总规模 172.81 亿元，其中母基金认缴规模合计 37.462 亿元，社会资金认缴计 135.35 亿元，财政资金杠杆率超过 4.5 倍。已完成子基金设立 16 支，实缴出资合计 80 亿元，其中母基金实缴出资合计 17.719 1 亿元。已设立子基金完成了 63 个项目投资决策，决策投资额共约 44.04 亿元，占基金累计实缴规模的 55%。

2.2 北京创造·战略性新兴产业创业投资引导基金

(1) 基金概况：

北京市自 2010 年开始配合国家发展改革委、财政部开展新兴产业创投计划，参股设立创投基金工作，由国家资金、地方政府资金及社会资金共同参股设立北京创造·战略性新兴产业创业投资引导基金。其中，北京市政府资金委托北咨公司担任出资代表，并由北咨基金公司担任日常管理机构。

基金总规模 30 亿元，首期规模 10 亿元，资金根据引导基金运作情况逐步到位。首期 10 亿元包括北京市配合国家新兴产业计划参股设立创业投资基金已确定的 3 亿元地方配套资金。基金资金来源为北京市固定资产投资资金，同时纳入北京市重大科技成果转化和产业项目统筹资金管理。基金运行收回的本金和投资收益可作为基金资金滚动使用。

2012 年，经北京市政府批准，北京创造·战略性新兴产业创业投资引导基金正式成立，且北京市政府参股设立新兴产业创投基金资金纳入基金范畴。基金投资运作主要采用参股方式,在适当的时候可以跟进投资。其中,参股方式占基金总规模不低于80%。

(2)管理机构:

北京市发展改革委、市财政局负责该基金使用的决策、监督和管理。该基金设在北京市工程咨询公司,由其作为名义出资代表对外行使引导基金的权益,并承担相应的义务与责任。

(3)投资领域:

基金投资于明确战略性新兴产业领域的资金额度不低于基金可投资规模的80%,投资于北京地区的资金额度不低于基金可投资规模的70%,投资于创业早中期阶段企业的资金额度不低于基金总规模的60%,对单个企业的累计投资不得超过基金总规模的20%。

(4)存续情况:

2010年至今已设立24支新兴产业创投基金,总规模64.5亿元人民币。

2.3 北京市中小企业创业投资引导基金

(1)基金概况:

北京市中小企业创业投资引导基金由北京市财政局联合北京市经济和信息化委员会于2013年12月正式设立,北京市政府计划出资30亿元。参股创投企业中基金出资额将不超过参股创投企业实收资本的30%,且不成为第一大股东。基金将通过股权转让和清算的方式退出。

子基金应重点投资于天使期、初创期、早中期的创新型企业,其中投资于天使期、初创期创业企业的投资额比例不得低于全部投资额的50%。投资于京津冀地区的投资额比例不得低于全部投资额的70%,且投资于北京地区不得低于全部投资额的50%。

（2）管理机构：

2017年11月24日，北京市经信委中小企业处处长、中小企业服务中心主任张晶与盛世投资总裁张洋共同签署了委托管理协议，盛世投资正式受托管理北京市中小企业创业投资引导基金。

（3）投资领域：

专项用于支持符合首都城市功能定位和产业发展政策的中小企业，特别是小微企业发展。该基金重点支持科技创新、新兴服务业等首都特色产业，以及因市场失灵或市场配置资源不足而影响中小企业发展的领域。

（4）存续情况：

2018年10月，北京市经济和信息化局、北京市财政局向社会公开征集第十一批合作机构；2019年4月，北京市经济和信息化局、北京市财政局发布关于北京市中小企业创业投资引导基金第十一批拟合作创业投资机构公示的通知，对10家拟合作创投机构进行社会公示。截至目前，北京市中小企业创业投资引导基金累计出资53家机构。

2.4 北京京国瑞国企改革发展基金

（1）基金概况：

北京京国瑞国企改革发展基金（有限合伙）成立于2015年，是经北京市政府批准，北京市国资委按照"政府引导、企业互助、社会参与、市场运作"的原则设立的。北京市财政局等政府部门给予大力支持，市属企业积极参与。京能集团、首钢总公司、北京电控、北汽集团、城建集团、金隅集团、祥龙公司、国管中心八家企业作为主要发起人，市政路桥集团、郊旅公司等企业作为一般发起人，共同发起设立京国瑞国企改革发展基金。

国企改革发展基金将采用母子基金、"一体两翼"架构体系,资金募集目标规模400亿元。京国瑞基金为母基金,是半公益性质的政府引导基金,下设商业性的京国发基金和公益性的京国益基金两支子基金。三支基金各具特色,独立运作,将通过专业化管理、市场化配置,建立收益分配、反哺机制,互为支撑、互为补充、互为促进。基金将发挥改革保障、增信托底、公益扶助、资本积聚、增值服务的功能,为国企改革提供保障,为国有经济发展助力,为社会公益履行责任。

(2)管理机构:

北京京国瑞股权投资基金管理有限公司。

(3)投资领域:

①直接投资于北京市国资委落实北京市委市政府重点工作项目及国资国企改革重大股权投资项目;

②向市场化运营管理的子基金进行投资。

2.5 北京市科技创新基金

(1)基金概况:

2018年6月24日,北京市科技创新基金(以下简称"科创基金")启动大会在中关村国家自主创新示范区举行。在投资期第一年,科创基金计划投资50亿元,该年度预计将投资三阶段共计25~45支基金,按照每只基金4~5倍的放大效应计算,将扩大到200亿~250亿元项目投资规模。其中,原始创新阶段将投资5亿元规模,投资基金10~20支;成果转化阶段将投资15亿元规模,投资基金10~20支;高精尖产业阶段将投资10亿元规模,投资基金5支左右,扩大到40亿~50亿元项目投资规模。

(2)管理机构:

科创基金的管理机构为北京科技创新投资管理有限公司。基金投资分原始创新、成果转化、"高精尖"产业三个阶段,各阶段中母基金投资分配比例为5:3:2。北京市科委、中关村管委会和北京市经信委将分别指导三个阶段的投资管理工作。科创基金采取了创新的管理模式,中金资本作为合作管理机构,选派了包括总经理在内的专业管理团队,全职开展科创基金的投资管理工作。

(3)投资领域:

科创基金重点投资光电科技、新一代信息技术、战略性新材料、新能源、生物医药、脑认知与类脑智能、量子计算与量子通信、大数据、智能制造、人工智能等领域。原始创新阶段,重点投资高等院校、科研院所、创新型企业及人才团队的前沿性科学发现,原理性主导技术,关键核心技术、共性技术、引导产业变革性技术;成果转化阶段,引导国内外优秀的天使投资机构、创业投资机构共同投资孵化、转化阶段的创新型高端项目,支持创新、创业,推动科技成果在北京落地转化,辐射带动津、冀及全国的创新发展;"高精尖"产业阶段,投资并联合社会资本聚焦符合首都战略定位的高精尖产业,加大向产业链高端的投资,推动企业技术变革和升级,依靠高精尖科技,加快构建北京高精尖产业结构。

(4)存续情况:

2018年8月,北京市经济和信息化委员会发布科创基金高精尖产业解读征集子基金合作机构的通知;2018年8月,北京市科委发布科创基金原始创新阶段征集子基金合作机构的通知;2019年1月,中关村科技业管委会发布关于科创基金征集成果转化子基金合作机构的通知。

2.6 北京市工艺美术发展基金

(1)基金概况:

为进一步促进工艺美术产业健康发展,转变政府资金使用方式,充分调动社会资源投资工艺美术行业,北京市人民政府批准成立了北京工艺美术发展基金(以下简称"工美基金")。工美基金按照"政府引导,市场化运作"的原则投资运作,重点投资于传统工艺美术保护传承、工艺美术产业发展基础体系,及工艺美术产品跨界融合、工艺美术企业创新培育等领域。工美基金由母子基金构成,母基金由北京市财政资金直接出资,母基金拟联合社会投资管理机构共同设立工艺美术投资子基金。

(2)管理机构:

北京市财政局代表政府作为基金出资人,负责基金资金筹集和履行出资职责。北京市经济信息化委作为工艺美术行业主管部门,负责基金使用的指导、协调和监督等工作。基金设领导小组,由市财政局、市经济信息化委等有关部门组成。领导小组委托北京工艺美术行业发展促进中心(下称"工美促进中心")作为基金的名义出资人。领导小组和工美促进中心委托北京工业发展投资管理有限公司作为基金的日常管理机构,北京国融工发投资管理有限公司为北京工艺美术发展基金管理人。北京国融工发投资管理有限公司是一家国有独资公司,是北京工业发展投资管理有限公司的全资子公司。

(3)投资领域:

①围绕工艺美术产业提升,重点投资于具有传统技艺生产性传承特点,应用新技术、新工艺、新材料进行产品创新的具有发展潜力的工艺美术企业和产品。

②重点投资于围绕利用北京工艺美术行业文化资源、技艺资源、设计资源,在服装纺织、家具家居、印刷包装等领域推进跨界融合的、具有发展潜力的企业。

③围绕北京工艺美术新模式、新业态等领域,重点投资服务于产业发展的创意设计、作品鉴证、电子商务、展览展示、经纪人公司、市场营销、创业孵化基地等平台型服务企业。

④重点投资于为北京工艺美术提供研发设计、生产制造、运营管理、营销推广、配

套建设等服务的园区建设企业。

(4)存续情况：

2016年6月,北京工艺美术发展基金已完成一期3支子基金招募,总规模4亿元。2019年1月,北京市经济和信息化局和北京财政局发布关于公开征集北京工艺美术发展基金合作机构的通知,这是向社会公开征集的第四批工艺美术发展基金子基金合作机构。

2.7 中关村协同创新投资基金

(1)基金概况：

2015年9月25日,中关村协同创新投资基金由中关村发展集团联合9省市15家地方政府和金融机构共同发起设立,总规模100亿元,其中,母基金20亿元,子基金规模80亿。

该基金采取母子基金双层架构"1+1+N"模式,即"1"支母基金,下设"1"支协同创新子基金,重点投向科技金融、新三板等项目,"N"支面向各合作区域的"协同发展子基金",重点投向创客空间和当地优质产业项目等。

该基金通过政府资金引导,吸收社会资本参与的方式,放大政府资金使用效能,并依托中关村发展集团在投融资领域丰富经验,实现市场化管理和运作。

(2)管理机构：

北京中关村协同创新投资基金管理有限公司。

(3)投资领域：

基金聚焦大信息、大健康、大环保、大智造四大领域,外延其他关联产业,依托中关村和全国合作区域、投资机构优势资源,聚焦服务科技创新企业崛起成长,聚力打造科创产业产融结合良好生态。

(4)存续情况：

2018年中关村协同创新母基金荣获母基金周刊评选的最受欢迎政府引导基金。在2019年10月17日举行的2019中关村论坛"耐心资本·融生万物——未来产业投资"论坛上，中关村发展集团发布了中关村创新母基金计划。中关村创新母基金由中关村发展集团旗下重要投资平台中关村资本主导发起设立，该母基金由中关村创新发展基金(200亿元人民币)及中关村国际创新基金(20亿美金)组成，母基金总规模超300亿元人民币，通过放大社会资本，形成3 000亿元人民币的基金投资规模。

2.8　中关村天使投资引导资金

(1)基金概况：

为优化中关村示范区创新创业环境，缓解初创期科技型小微企业融资难题，2010年，中关村管委会开始酝酿天使投资的扶持政策。2011年，中关村管委会率先推出国内第一只政府引导性天使投资资金——中关村天使投资引导资金，遴选优秀的天使投资机构和创新型孵化器，主要以参股方式进行合作，支持中关村创新创业。

(2)管理机构：

中科金集团作为中关村发展集团的全资子公司，承担了受托管理中关村天使投资引导资金的具体运作工作。

(3)投资领域：

中关村管委会在财政专项资金中安排天使投资引导资金预算，不以营利为目的，通过创新财政投入方式、放大财政杠杆作用，撬动社会资本共同支持创新、创业，以培育战略性新兴产业集群快速发展。

(4)存续情况：

截至2014年11月底，中关村天使投资引导资金已参股设立合作基金9支，拟合作基金多支。已合作的9支基金总规模达7.42亿元,其中,中关村天使投资引导资金承诺出资总额1.08亿元,财政资金放大倍数超过7倍。

公开查询知2015年6月中关村天使投资引导资金合作机构做了一次评审结果公示,此后未见相关公示信息。

2019年3月,中关村管委会发布《关于征集2019年度中关村天使投资和创业投资风险补贴资金支持项目的通知》,对区内天使投资机构和创业投资机构进行风险补贴。

2.9 中关村现代服务业创业投资引导基金

(1)基金概况：

2013年12月10日,中关村现代服务业创业投资引导基金正式启动。该引导基金由北京市财政局出资,主要采用公司制或有限合伙制的形式,与社会创业投资机构共同发起设立创投子基金。该基金通过投入1.5亿元政府引导基金,引进有限合伙制或公司参股方式,与社会创业投资机构设立节能环保、高科技服务等创投基金,总金额约6亿到9亿元人民币。

(2)管理机构：

由中关村现代服务业试点工作领导小组作为工作指导单位,亦庄国投作为受托管理机构。

(3)投资领域：

基金共设立子基金5支,分别支持高科技服务业、TMT及节能环保方向。

(4)存续情况：

2015年7月,亦庄国投发布《中关村现代服务业创业投资引导基金第二批合作创投机构甄选通知》,其中提到基金第二批规模1亿元人民币,拟通过参股支持方式引导创业投资机构,共同设立2家创业投资企业(以下称参股创投企业),分别投资TMT行业及高科技服务行业。

2.10 西城区产业创投引导基金

(1)基金概况：

西城区产业创投引导基金成立于2015年,目标规模5亿元,由西城区政府发起设立,存续期10年。

(2)管理机构：

北京金融街资本运营中心受托管理西城区产业创投引导基金。

(3)投资领域：

基金投资领域应符合京津冀一体化发展方向。基金以股权投资方式投资3.5亿元,专项用于支持金融街资本运营中心投资金科新区产业提升项目,其中包括"创新空间"和"引入高精尖企业及产业提升"子项目。

(4)存续情况：

2015年10月,北京金融街资本运营中心发布受托管理的西城区产业创投引导基金合作机构遴选指南。

2019年6月,西城区财政局组织协调了《西城区政府投资引导基金支持北京市金融街资本运营中心投资北京金融科技与专业服务创新示范区产业提升项目方案》的研究论证工作,并将方案提交区政府专题会审议通过。

2.11 北京经济技术开发区科技创新投资引导基金

(1)基金概况：

为促进科技与金融相结合,引导社会资本和金融机构强化对高新技术产业、科技型企业和科技研发、成果转化项目的支持,不断完善北京经济技术开发区(以下简称"开发区")投融资体系及科技创新服务体系,开发区设立北京经济技术开发区科技创新投资引导基金(以下简称"科技创新基金")。

《北京经济技术开发区科技创新投资引导基金实施细则》《北京经济技术开发区科技股权投资基金实施细则》于2016年5月12日正式印发。实施细则中约定科技创新基金自2015年起连续五年每年规模2亿元,其中,开发区科技创新投资引导基金每年规模1.5亿元,开发区科技股权投资基金每年规模0.5亿元。

(2)管理机构:

开发区管理委员会(以下简称"开发区管委会")负责引导基金重大事项的决策;开发区科技局负责引导基金监督和管理;开发区财政局负责引导基金资金的拨付。基金委托北京亦庄国际投资发展有限公司(以下简称"亦庄国投")作为引导基金名义出资代表;委托北京亦庄国际产业投资管理有限公司(以下简称"亦庄产投")作为科技基金受托管理机构对引导基金进行日常经营管理。

(3)投资领域:

引导社会资本和金融机构强化对高新技术产业、科技型企业和科技研发、成果转化项目的支持,不断完善开发区投融资体系及科技创新服务体系。

(4)存续情况:

2019年7月,开发区对《北京经济技术开发区科技创新基金管理办法》进行了修订。科技创新基金规模从原来的2亿元扩容到5亿元,加大了对科技创新企业的支持力度,还将超额收益奖励基金团队。

截至目前,该基金已决策合作18支子基金,子基金目标规模超61.05亿元,共计认缴5.37亿元,带动了社会资本超55.68亿元,杠杆倍数超10倍;子基金现已投资17个落地开发区项目,投资额为2.67亿元,已超过基金目前实缴出资额2亿元,积极引导社会资本投资开发区企业。

2.12 昌平中小微企业双创发展基金/昌平中小企业成长投资基金

(1)基金概况：

2016年5月，昌平区代表北京市成为全国小微企业创业创新基地城市示范。为做好全国小微企业双创示范"风向标"，昌平区联合北京市经信委、北京市财政局相继设立了北京昌平中小微企业双创发展基金、北京昌平中小企业成长投资基金两支政府引导母基金。

(2)管理机构：

北京昌平科技园发展有限公司(以下简称"昌发展")。

(3)投资领域：

围绕区内重点产业医药健康、节能环保、智能装备等行业进行投资。

(4)存续情况：

截至2019年2季度，昌发展自主管理的两支母基金合作了35支优秀子基金，参股基金规模近200亿，其中17支市场化医疗投资基金，基金规模近120亿，在医疗健康领域实现社会资本19倍放大；直接、间接投资昌平区医疗健康企业31家次，投资金额近8亿元。

2.13 北京朝阳文创母基金/朝阳区文化创意产业发展引导基金

(1)基金概况：

为重点支持国家文创实验区建设和"高精尖"产业发展，发挥财政资金的杠杆效应，促进文创产业规模化、集聚化、专业化、高端化发展，朝阳区设立总规模100亿元的文化创意产业发展引导基金。

朝阳区文化创意产业发展引导基金总规模 100 亿元,采取母基金+子基金的形式构成。其中,母基金意向规模 20 亿元,子基金由文化创意产业创业投资基金、文化科技融合发展基金、文化创意企业股权投资基金、京津冀文化产业协同发展基金、文化创意产业重大项目建设投资基金组成。

(2)投资领域:

基金用于文化创意产业综合体的建设、设施的建设,文化产业与科技融合发展、创新创业等各方面的发展,重点投资符合首都功能定位和未来产业发展方向、文化创意与科技创新融合发展的文化产业项目和企业,重点功能型、平台型项目以及具有显著社会效益和经济效益的精品文化项目,带动区域文化产业升级发展。

(3)管理机构:

北京朗文投资管理有限公司。

(4)存续情况:

2018 年 5 月开始运营。

2.14 北京市文化创意产业创业投资引导基金

(1)基金概况:

2015 年 9 月 10 日,北京市文化创意产业创业投资引导基金成立。

(2)管理机构:

北京市文化创意产业促进中心。

(3)投资领域:

北京市文化创意产业创业投资引导基金主要用于引导创业投资机构投资于符合文化创意产业重点支持方向的处于创业早期的文化创意企业。

(4)存续情况:

根据《北京市文化创意产业创业投资引导基金管理暂行办法》(京文创办发〔2009〕7号),该基金初始规模为3亿元,连续安排3年,每年从北京市文化创意产业发展专项资金中安排1亿元。

2.15 海淀区创业投资引导基金

(1)基金概况:

海淀区创业投资引导基金是由海淀区政府设立的用于扶持区域创业投资发展的政府专项基金,于2006年9月9日成立,2009年12月正式运作。这一引导基金主要采用参股基金方式对外合作投资。参股基金方式是引导基金向各类投资主体进行投资,并在约定期限内退出的投资方式。

海淀区政府将每年为基金统筹安排财政专项资金,引导社会资本广泛参与,在海淀区汇集一批具有较强实力的股权投资机构,形成资本聚集效应。

(2)管理机构:

北京中海投资管理有限公司。

(3)投资领域:

基金重点支持本区特色产业、优势产业领域的初创期和成长期企业。

(4)存续情况:

参股基金遵循"政府引导、市场运作、规范管理、鼓励创新"的原则,按照市场化方式独立运作,自主经营、自负盈亏,目前累计投资规模近7亿元(中海投资官网信息)。

2.16 海淀区科技成果转化和技术转移引导基金

(1) 基金概况：

海淀区科技成果转化和技术转移引导基金成立于 2012 年，由海淀区政府主导设立，主要采取参股基金的运作方式，优先支持中关村科学城的产业技术研究院、特色产业园等与社会资本共同设立的科技成果转化和技术转移基金。基金的设立和运行遵循引导性、间接性、非营利性和市场化原则。基金主要来源于核心区自主创新和产业发展专项资金，目前总投资金额约百亿元。

(2) 管理机构：

北京中海投资管理有限公司。

(3) 投资领域：

基金重点支持中关村科学城的产业技术研究院、特色产业园等机构在海淀区实施重大科技成果转化和产业化。

(4) 存续情况：

2018 年 9 月，海淀区政府网站上仍然有关于该基金拟合作机构的公示。

2.17 海淀区文化创意产业投资引导基金

(1) 基金概况：

海淀区文化创意产业投资引导基金是海淀区在 2016—2020 年每年出资 2 400 万元成立。该基金采用参股基金方式对外合作投资，支持和引导各类投资主体投向区内的文化创意企业。

(2) 管理机构：

基金指导委员会办公室设在海淀区文化发展促进中心，北京市海淀区国有资本经营管理中心作为基金的名义出资代表,北京中海投资管理有限公司作为引导基金的受托管理机构。基金参股基金管理机构的甄选由受托管理机构通过公开征集、评审和尽职调查后,提出相应的投资建议上报指导委员会审议,经区政府常务会议或区长专题会对审议结果进行审定后向社会公示。

(3)投资领域:

基金重点投向海淀区文化创意优势产业和潜力行业(新闻出版及发行服务行业、广播电视电影服务行业、广告和会展服务行业、设计服务行业、文化休闲娱乐服务行业、文化辅助服务行业、文化艺术服务行业和艺术品生产与销售服务行业)。

(4)存续情况:

2019年4月,海淀区政府网站发布关于海淀区文化创意产业投资引导基金拟合作机构的公示通知。

2.18 大兴区产业引导母基金

(1)基金概况:

大兴区产业引导母基金(简称"兴产母基金")是北京市大兴区为促进高精尖产业发展设立的产业引导母基金,重点投资于符合首都功能定位的高精尖产业及高端科技成果转化项目。该基金旨在采用产业引导、市场化运作的方式,吸引全国头部及优质企业落区发展,扶持区内优秀企业提速成长,持续优化区内营商环境,打造首都南部发展新高地。

大兴区产业引导母基金首期规模2.5亿元,通过社会资本放大为20.5亿元,未来每年将根据产业发展情况逐步增资。母基金下设3个子基金,规模均为3亿元,分别为:关注移动互联网、电子商务、云计算、大数据、人工智能等领域企业的"互联网+"产业投资子基金;规模5亿元,关注文化创意产业的集群化、高端化、国际化和融合化发展的新媒体文化产业投资子基金;规模 12.5 亿元,聚焦大兴区医疗健康领域具有成长潜力的优质项目的生物医药产业投资子基金。

(2)管理机构:

北商资本管理(北京)有限公司。

(3)投资领域:

兴产母基金主要投资于高端智能制造、新一代信息技术、人工智能、节能环保、新能源、新材料、医药健康、文化创意和科技服务等领域。

(4)存续情况:

2019 年 4 月,大兴区产业引导母基金公开征集 2019 年度合作机构。

2.19 中关村并购母基金

(1)基金概况:

中关村并购母基金是海淀区产业并购引导基金、北京市海淀区国有资产投资经营有限公司、清华控股有限公司、中关村发展集团与北京中关村大河资本投资管理中心(有限合伙)等联合发起设立的市场化产业并购母基金。该基金设立于 2016 年 10 月,总规模 300 亿元人民币,首期募集规模 119 亿元人民币,通过与参与母基金的中关村领先科技企业联合设立子基金的方式,最终将支持 1 500 亿至 2 000 亿元人民币的并购。

(2)管理机构:

基金监管部门是北京市海淀区。

基金管理机构是北京中关村大河资本投资管理中心(有限合伙)。

(3)主要投资领域和阶段:

基金主要投向战略新兴产业、技术创新和产业结构调整,定位于支持海淀区重点行业领军企业的境内外并购,服务于中关村核心区优质上市公司,以及其他符合海淀区产业方向、具有领军潜力的企业。

(4)存续情况:

2018年11月8日,中关村并购母基金投资中心拟出资4.2亿元购买恒泰艾普持有的35%新锦化机股权。

3 上海地区政府引导基金

上海地区政府引导基金共录得22支(表3)。

表3 上海地区政府引导基金名录

序号	名称	序号	名称
1	上海市创业投资引导基金	13	普陀区科技创新引导基金
2	上海市天使投资引导基金	14	徐汇区天使投资引导基金
3	上海人工智能产业投资基金	15	金山区创业金山引导基金/金山区创新创业引导基金
4	上海军民融合产业投资基金		
5	上海科创基金	16	闵行区创新创业投资引导基金
6	长三角协同优势产业基金	17	青浦发展创业投资引导基金
7	上海双创孵化母基金	18	杨浦区创业投资引导基金
8	上海松江双创启迪投资母基金	19	杨浦双创梦想天使引投基金
9	上海双创文化产业投资母基金	20	黄浦区创业创新产业引导基金
10	上海双创生物医药产业专项投资母基金	21	奉贤区产业发展引导基金
11	上海嘉定创业投资引导基金	22	松江区创业投资引导基金
12	浦东科技创新投资基金		

其中,上海市市级政府出资产业引导基金,是由上海市政府设立并按照市场化方式运作的政策性基金,主要包括上海市创业投资引导基金和上海市天使投资引导基金。上海市市级政府出资产业引导基金采取决策、评审和日常管理、运作相分离的管理体制,由引导基金工作领导小组行使决策管理职责;在上海市发展改革委下设领导小组办公室,负责日常事务;成立独立的引导基金专家评审委员会,对引导基金拟投资方案进行独立评审;引导基金的基金募资、投资、投后管理、清算、退出等日常投资

运作的职责,由符合条件的管理机构负责。此外,上海人工智能产业投资基金、上海军民融合产业投资基金、上海科创基金、长三角协同优势产业基金均是由上海国资运营平台管理,属于政府引导、市场化运作的基金。

上海双创投资中心,是2015年底上海市人民政府为积极贯彻落实"大众创业、万众创新"的国家战略、深入推进上海具有全球影响力科技创新中心建设,发起设立的一家专注战略新兴领域的基金及项目投资的创新投融资平台。上海双创投资中心以"市场化、专业化、国际化"为政策导向和运作原则设立百亿级母基金,充分发挥上海市政府引导基金对上海科技创新中心的金融支持作用,撬动更多的社会资本进入创业投资领域,引导资本合理流动。

目前,上海市主要区县均已出台了区级产业基金管理办法,并相应设立了区级产业引导基金,规模自5 000万至20亿元人民币不等。各区的管理办法主要从注册地、子基金规模、管理团队规模及素质、过往投资退出项目、返投要求、退出方式、出资比例、投资方式等方面做出了规定。

表3-1名录中收录的上海地区政府引导基金均在存续期内。

3.1 上海市创业投资引导基金

(1)基金概况:

上海市创业投资引导基金是由上海市政府设立并按照市场化方式运作的政策性基金,2010年3月设立,是全国最早一批设立的政府性引导基金。

(2)管理机构:

上海创业投资有限公司。

(3)投资领域:

引导基金主要发挥财政资金的杠杆放大效应,引导民间资金投向上海重点发展的产业领域特别是战略性新兴产业,并主要投资于处于种子期、成长期等创业早中期的创业企业。

(4)存续情况:

基金每年进行一次合作机构公示。2019年2月,根据《上海市创业投资引导基金管理办法》,上海市创业投资引导基金对2018年入选的合作机构进行了公告,此为第七批意向合作基金名单,共披露了13支拟设立基金。

3.2 上海市天使投资引导基金

(1)基金概况:

上海市天使投资引导基金(下文简称"天使引导基金"),是上海市人民政府为引导及培育天使投资行业快速发展,促进天使投资专业化、机构化,提高区域创新创业活跃度,针对天使投资领域设立的引导基金。

天使引导基金旨在撬动和引导社会资本参与天使投资及早期投资领域,扶持一批有志于从事早期的专业化天使投资机构,推动科技型创业企业快速成长。

天使引导基金通过设立资金退出让利机制,引导社会资本参与天使投资直投基金和天使投资母基金,积极践行"政府引导、社会为主、专业化管理、市场化运作"的总体要求。

(2)管理机构:

创业接力集团作为受托管理机构,负责天使引导基金的日常投资、管理运营。上海创业接力科技金融集团有限公司(简称"创业接力集团")成立于2011年,注册资本4.22亿元。目前,创业接力集团建立了以基金投资与管理、创新金融与服务、园区运营与孵化三大主营业务为核心的早期创业企业服务生态链。

(3)投资领域:

基金支持行业包括节能环保、新一代信息技术、生物、高端装备制造、新能源、新材料和新能源汽车等,也涵盖文化创意、高技术服务业等本市重点发展的产业领域。

(4)存续情况:

基金参股设立天使投资基金申请机构的公示每年进行一到两次。

上海市天使投资引导基金根据《上海市天使投资引导基金管理实施细则》,分别于2019年5月及12月对申报基金管理机构进行形式审查后,分别对8家及14家申报机构进行了尽职调查和专家评审。

3.3 上海人工智能产业投资基金

(1)基金概况:

上海人工智能产业投资基金是贯彻落实世界人工智能大会成果,加快推进上海人工智能高质量发展总体战略的重要举措。基金按照"整体设计,分期实施"规划,首期目标规模人民币100亿元,坚持市场化、专业化、国际化运作机制,带动社会资本投入,最终形成千亿级基金群。

上海人工智能产业投资基金由上海国盛集团、临港集团分别作为上海国资运营平台公司、临港新片区的开发主体以及上海科创中心主体承载区的开发建设单位联合发起设立;上海市创业投资引导基金、上海产业转型升级投资基金、上海自贸区临港新片区管委会代表市、区两级政府共同支持,上海电气、申能集团、上港集团等上海市国有产业集团,以及太保集团、云锋基金等金融投资机构共同参与。此外,一批AI龙头企业、中央企业和国家级产业基金等还将陆续加入。

基金主要发起方为上海临港经济发展(集团)有限公司(简称"临港集团"),是上海市国资委下属的唯一一家以产业园区投资、开发与经营和园区相关配套服务为主业的国有企业。临港集团坚持"产金融合""产城融合""产学研融合"的发展理念,依托各园区产业资源,为区内外企业提供配套、服务等功能平台。

(2) 投资领域:

基金采用直接投资和配置子基金相结合的投资策略,依托 AI 产业赋能机遇,聚焦人工智能核心技术和关键应用。基金将立足上海、面向世界、面向未来,致力于打造上海人工智能产业发展各类要素联通、对接、整合的"一站式"平台,构建国际顶尖技术与本地广泛应用紧密结合的产业链、生态圈,聚焦创新策源、应用示范、制度供给和人才集聚,加快建设人工智能发展的"上海高地"。

(3) 存续情况:

2019 年 8 月 31 日,上海人工智能产业投资基金发起人签约仪式在 2019 世界人工智能大会闭幕式上举行。

3.4 上海军民融合产业投资基金

(1) 基金概况:

上海军民融合产业投资基金成立于 2017 年,由上海市政府发起设立。出资方包括国盛集团、航天八院、临港集团、仪电集团、东方国际集团、上海银行、中国银行、浦发银行、华信能源、紫竹高新和云峰基金等。基金首期规模 40 亿元人民币,将采用直接投资和配置子基金相结合的投资策略。

(2) 投资领域:

聚焦上海武器装备科研生产体系建设和军民融合产业发展,主要投资注册于上海市域的军民融合成长型企业或军工企业军民融合重大项目,以及国内其他地区与上海合作的或者可以争取落户上海的军民融合优质项目。

3.5 上海科创基金

(1)基金概况:

上海科创基金根据上海市委、市政府部署,由上海国际集团牵头,联合国盛集团、上港集团等相关投资人,于2017年9月共同发起设立。目标规模为300亿元,一期规模为65.2亿元。

(2)管理机构:

上海科创中心股权投资基金管理有限公司。

(3)投资领域:

围绕国家创新驱动发展战略和上海科创中心建设目标,聚焦上海重大创新功能型平台、重大战略项目和重要承载区,全力支持战略新兴产业和科技创新企业发展。主要投资方向包括信息技术、生物医药、先进制造和环保新能源等。

(4)存续情况:

截至2019年5月,上海科创基金已完成30个子基金的立项或者决策,基本覆盖市场头部基金管理人,承诺出资超过20亿元,可带动子基金投资150亿元。目前,上海科创基金已投资了TMT、医疗健康、高端制造和节能环保领域的子基金。

3.6 长三角协同优势产业基金

(1)基金概况:

2018年6月1日,长三角地区建立协同优势产业基金的投资意向协议在上海签约,此举标志着这支总规模1 000亿元、首期100亿元的基金正式起航。

长三角协同优势产业基金由上海国际集团有限公司牵头,沪、苏、浙、皖的大型企业联合发起设立。长三角协同优势产业基金以母基金为载体,通过对"硬科技"子基金、"完善产业链"子基金、"明星项目"三个方向的投资放大,撬动千亿级的社会资本积聚长三角,推动长三角产业链深度融合、产业链优势企业加速发展,促进长三角加快形成面向未来的优势产业集群,不断提升国际竞争力。

(2)管理机构:

上海国方母基金股权投资管理有限公司。

(3)投资领域:

长三角协同优势产业基金将大致按照"4:4:2"的比例,即40%投向"硬科技"子基金、40%投向"完善产业链"子基金、20%投向"明星项目"进行资金分配,有望实现50倍的放大效应。

3.7　上海双创孵化母基金

(1)基本情况:

上海双创孵化母基金成立于2016年10月,规模为20亿元,由杨浦区政府和上海双创投资中心(有限合伙)共同发起设立。杨浦区是全国首批、上海唯一的全国双创区域示范基地,此举旨在通过"基地+基金"的模式,提升杨浦区乃至上海市创业孵化基地的发展能级,以点带面,提高上海创业孵化能力,营造良好的创新生态环境。

(2)管理机构:

上海双创投资管理有限公司。

(3)投资领域:

基金用于引导一批优质的天使投资、创业投资、产业投资基金投资新一代信息技术、生物医药、新材料、新能源、节能环保、机器人、高端装备制造以及文化创意等战略性新兴产业。

(4)存续情况:

截至 2017 年 10 月底,基金共计接待约 60 个子基金管理人,已过会的子基金合计规模逾百亿。

3.8 上海松江双创启迪投资母基金

(1)基金概况:

2017 年,由上海双创投资中心、清华旗下启迪控股、松江区和商业银行各通过旗下投资平台共同出资,设立总规模 20 亿元的"上海松江双创启迪投资母基金"。其主要以"产融"结合的方式,立足松江,带动全市的传统优势制造业改造提升,向高端化、智能化、绿色化和服务化发展,推进信息技术与制造技术深度融合,积极落实"中国制造 2025"战略。

(2)投资领域:

一是通过打造金融高地,将产业与金融融合发展,培育创新主体、建设创新集群、孵化创业企业、培养创业人才,提升松江区创新创业集聚效应,吸引一批优秀的创新创业领域投资机构、众创空间、创新创业项目和人才向松江区集聚;二是助力区域盘活存量,为传统制造企业收购兼并核心技术提供支持,促使电子信息、现代装备制造和都市型工业等传统制造业向高端化、智能化、绿色化发展;三是共同探索园区发展新模式,推动园区向城区转变,推进产业园区提质增效。

(3)存续情况:

首期出资已于 2018 年 3 月缴付到位。

3.9 上海双创文化产业投资母基金

(1)基金概况:

为了充分发挥市、区政府基金的产业导向和推动作用,广泛吸引社会资金参与上海文化产业领域投资,促进文化企业创新创业,2017年,由上海市委宣传部牵头,会同上海双创投资中心、闵行区政府、浦发银行共同发起设立上海双创文化产业投资母基金,总规模50亿元人民币。

(2)投资领域:

基金将聚焦文化艺术、新闻出版、影视制作、移动多媒体、动漫游戏、网络视听、数字出版等国家文化产业重点发展领域的天使投资基金、创业投资基金、产业投资基金等,并对文化创意产业重点领域的部分项目进行直接股权投资。

(3)管理机构:

上海市闵行区创新创业投资引导基金管理中心。

3.10 上海双创生物医药产业专项投资母基金

2016年,上海双创投资中心联合招商银行和五家保险公司共同出资设立总规模20亿的"双创生物医药产业专项投资母基金"。该基金积极关注生物医药领域,推进培育绿色医疗服务体系建设,使市场在医疗资源配置中起决定性作用,更好发挥政府的作用。

3.11 上海嘉定创业投资引导基金

(1)基金概况:

上海嘉定创业投资引导基金(下简称"嘉定创投引导基金")成立于2011年10月,是由嘉定区政府设立出资并按照市场化方式运作的政策性基金。嘉定创投引导基金主要是发挥财政资金的杠杆放大效应。嘉定创投引导基金依托嘉定创投,自成立以来,与数十家投资机构进行了合作,包括磐石资本、丰实资本、赛富投资基金、联升创投、达泰创投、中卫创投等。

(2)管理机构:

上海嘉定创业投资管理有限公司。

嘉定定投引导基金采取决策、评审和日常管理相分离的管理体制。成立引导基金投资决策委员会(以下简称"投委会"),作为引导基金的最高投资决策机构,行使决策管理职责;投委会下设办公室,设在嘉定区财政局,负责日常事务;成立独立的引导基金专家评审委员会,对引导基金投资运作方案进行评审;由上海嘉定创业投资管理有限公司作为基金受托管理机构,负责日常投资运作。

(3)投资领域:

引导社会资本投向嘉定区重点发展的产业领域,特别是着力培育的六大战略性新兴产业,促进优质创业资本、项目、技术和人才向嘉定区集聚。

3.12 浦东科技创新投资基金

(1)基金概况:

浦东科技创新投资基金于2019年4月完成工商登记,预计将于近期具备运作条件。该基金由浦东科创集团(以下简称"浦东科创")作为基金管理主体。浦东科创是浦东政府引导基金的主要平台,有超过20年的政府投资基金受托管理经验。

(2)管理机构:

浦东科创集团。

(3)其他:

浦东新区于2006年10月21日设立浦东新区创业风险投资引导基金,由上海浦东科技投资有限公司(以下简称"浦东科投")作为引导基金操作主体。浦东科投旗下共托管政府引导金三支,分别是浦东新区创业风险投资引导基金、安徽省创业(风险)投资引导基金、湖北省荆州市创业(产业)投资引导基金,旗下管理的母基金资产接近30亿元人民币,参股基金总规模超过300亿元。

浦东新区还于2015年成立浦东新区天使投资引导基金,在5年内出资10亿元,引导社会资本10亿元,让更多社会资本进入天使投资领域,为创新创业提供资金支持。

3.13 普陀区科技创新引导基金

(1)基金概况:

普陀区科技创新引导基金是由普陀区政府设立并按市场化方式运作的政策性基金。该引导基金主要发挥财政资金的杠杆放大效应,引导社会资本投向普陀区重点扶持和鼓励的产业领域,特别是科创和战略性新兴产业,促进区内种子期、初创期、成长期中小创新创业企业发展,促进优质科创要素资源加速集聚,共同服务普陀"科创驱动转型实践区、宜居宜业宜创生态区"建设。基金总规模为10亿元。

(2)管理机构:

基金委托上海普陀科技投资有限公司作为基金受托管理机构,负责基金的日常管理和投资运作。基金委托受托管理机构组织成立独立的引导基金专家评审委员会,对基金拟投资方案进行独立评审。

(3)投资领域:

基金重点聚焦智能制造、科技金融、移动互联网、生物医药、节能环保、文化创意等产业,按照统一的运行和管理规则,与该产业领域内的投资基金建立战略合作关系。

(4)存续情况:

《普陀区科技创新引导基金管理办法》于2018年3月进行了修订。

3.14 徐汇区天使投资引导基金

(1)基金概况:

徐汇区天使投资引导基金成立于2015年,由徐汇区政府发起设立。

(2)管理机构:

上海徐汇科技创业投资有限公司(后文简称"徐汇科投")。

(3)存续情况:

徐汇区天使引导基金依托徐汇科投,自成立以来参与投资了联创永津、领汇基金、汇科基金、时空五星基金、千骥生物医药基金、联升新材料基金等基金。

3.15 金山区创业金山引导基金/金山区创新创业引导基金

(1)基金概况:

金山区创业金山引导基金是由上海市金山区政府设立并按市场化方式运作、不以营利为目的的政策性基金,成立于2013年1月15日,总募资规模为3亿元人民币。此外,金山区财政局于2018年发起成立了金山区创新创业引导基金,目标规模达15亿元人民币。

(2)存续情况:

两政府引导基金自成立以来,投资了"凯风创投"旗下基金、上海国悦君安大健康投资基金、上海泰山天颐创业投资基金等多支基金。

3.16 闵行区创新创业投资引导基金

(1) 基金概况：

闵行区创新创业投资引导基金包含闵行区创业投资引导基金（共两期）、闵行区天使投资引导基金和产业投资引导基金。

该基金一期成立于 2010 年 11 月 19 日，总规模 5 亿元，二期成立于 2012 年 10 月，总规模 10 亿元。

(2) 管理机构：

两基金均由上海熠美股权投资管理合伙企业承担管理职能。

(3) 存续情况：

闵行区天使投资引导基金和产业投资引导基金成立于 2015 年，募集规模均为 5 亿元。自成立以来，上述基金投资了数十家投资机构，包括紫竹小苗基金、易津资本、起点创业投资基金、众源资本、弘章资本、君联资本等。

3.17 青浦发展创业投资引导基金

(1) 基金概况：

青浦区政府于 2015 年 3 月 23 日发起设立青浦发展创业投资引导基金（简称"青浦创投"），目标规模 6 亿元人民币。

(2) 管理机构：

上海青浦发展（集团）有限公司。

(3) 投资领域：

聚焦物流、会展、大健康、大旅游等领域。

3.18 杨浦区创业投资引导基金

(1) 基金概况：

上海市杨浦区创业投资引导基金成立于2007年，以上海杨浦创业投资有限公司的资本金形式存续。

(2) 管理机构：

自2009年起由硅谷银行资本(SVB Capital)受托管理。

(3) 存续情况：

基金投资了多个由知名GP团队在境内募集发起的人民币创投基金，包括IDG资本、鼎晖创投、启明创投、达晨创投、戈壁合伙人、德同资本、北极光创投、创新工厂、TCL创投、大学生创业接力基金(新中欧)等。

3.19 杨浦双创梦想天使引投基金

杨浦双创梦想天使引投基金成立于2018年11月，由杨浦区金融办、上海接力天使创业投资有限公司(以下简称"创业接力天使")及陕西泓昇投资有限公司共同发起设立，由创业接力天使负责管理，专注于对早期创业企业的种子投资和天使投资。

3.20 黄浦区创业创新产业引导基金

(1) 基金概况：

2017年，为吸引社会资本参与黄浦区科创产业投资，黄埔区政府成立了30亿元政府投资基金，采用"母子基金"运作模式，其中创业创新产业引导基金总额10亿元人民币。

(2)存续情况：

截至2019年5月，黄浦区创业创新产业引导基金已参投上海国和二期现代服务业股权投资基金、苏民投君信(上海)产业升级与科技创新股权投资基金两个项目，协议投资金额各2亿元，基金目标规模各15亿元。

3.21 奉贤区产业发展引导基金

奉贤区产业发展引导基金成立于2017年，目标规模20亿元，由上海奉贤投资(集团)有限公司受托管理。

3.22 松江区创业投资引导基金

(1)基金概况：

为加快形成金融服务科创驱动、松江制造迈向松江创造的长三角一体化示范走廊，根据《松江区创业投资引导基金管理办法》有关规定，充分发挥政府财政资金的引导、示范和杠杆效应，发挥市场在资源配置中的决定性作用，吸引优质资本、项目、技术和人才向松江区集聚，根据《国务院办公厅转发发展改革委等部门关于创业投资引导基金规范设立与运作指导意见的通知》(国办发〔2008〕116号)、《创业投资企业管理暂行办法》(国家发展改革委2005年第39号令)、《政府投资基金暂行管理办法》(财预〔2015〕210号)、《上海市创业投资引导基金管理办法》(沪府发〔2017〕81号)等文件精神，并结合松江区的实际，2019年设立松江区创业投资引导基金。

基金规模为10亿元人民币，首期规模为2亿元人民币，后续资金根据实际需要按年度进行追加和调整。

(2)管理机构：

由上海松江创业投资管理有限公司作为受托管理机构，负责日常投资运作。

基金采取决策、评审和日常管理相分离的管理体制,由引导基金理事会、专家评审委员会及受托管理机构分别承担各自的职能。

(3)投资领域:

引导基金主要投向 G60 科创走廊人工智能、智慧安防、新能源、新材料、生物医药、节能环保"6+X"战略性新兴产业,优先支持以"基地+基金+产业集群"模式运作的子基金项目。

(4)存续情况:

2019 年 7 月发布申报指南。

4 深圳地区政府引导基金

政府引导基金在带动产业发展、促进形成创新型经济、优化产业结构方面发挥着积极的作用。自 2015 年开始,深圳市及深圳各区政府引导基金飞速发展,同时逐步规范化运作;在投资行业方面,聚焦于符合国家、广东省及深圳市产业规划的战略性新兴产业、未来产业和其他市政府重点发展的产业。深圳地区录得 15 支政府引导基金(表4)。

表 4 深圳地区政府引导基金名录

序号	名称	序号	名称
1	深圳市政府投资引导基金	9	深圳市龙岗区政策性投资引导基金
2	深圳市天使投资引导基金	10	深圳市龙华区引导基金
3	国资改革与战略发展基金(鲲鹏基金)	11	前海深港现代服务业合作区产业投资引导基金
4	深圳市基础设施投资基金		
5	深圳市福田引导基金	12	光明新区政府投资引导基金
6	深圳市南山区产业发展投资引导基金	13	宝安区产业投资引导基金
7	深圳市罗湖区政府投资引导基金	14	坪山区政府投资引导基金
8	深圳市龙岗区创业投资引导基金	15	坪山新区创业投资引导基金

4.1 深圳市政府投资引导基金

(1)基金概况:

深圳市引导基金投资有限公司成立于 2015 年,由深圳市政府发起设立。

(2)管理机构:

深圳市创新投资集团有限公司(简称"深创投")。

(3)投资领域：

子基金重点投资于符合国家、广东省及深圳市产业规划的战略性新兴产业,包括新一代信息技术、生物医疗、智能装备、节能环保等行业,充分体现深圳市政府投资引导基金的产业导向作用。

4.2 深圳市天使投资引导基金

(1)基金概况：

2018年3月,深圳市正式设立天使投资引导基金,将引导社会资本投向天使类项目,满足深圳市企业早期融资需求。

深圳市天使投资引导基金是由深圳市引导基金投资有限公司出资设立,委托给深圳市属国企性质的专业化管理机构进行管理,并按市场化方式运营管理的政策性基金。其宗旨是发挥市场资源配置作用和财政资金引导放大作用,引导社会资本投向天使类项目,大力培育战略性新兴产业,促进产业转型升级,助力深圳市打造国际一流创新创业城市。

(2)管理机构：

深圳市天使投资引导基金管理有限公司。

(3)投资领域：

主要投资于深圳市扶持和鼓励发展的战略性新兴产业、未来产业和其他深圳市政府重点发展的产业。

4.3 国资改革与战略发展基金(鲲鹏基金)

(1)基金概况：

2016年3月23日,中共深圳市委、深圳市人民政府印发《关于支持企业提升竞争力的若干措施》(深发〔2016〕8号),提出市属国资发起设立混合型并购基金,即国资改革与战略发展基金。

2017年6月16日,深圳市委、市政府印发《关于深化市属国有企业改革促进发展的实施方案》(深发〔2017〕11号),提出重点通过"一张清单、一个基金、三类平台",构建具有深圳特色、以管资本为主的国有资产监管运营体制。其中,一个基金,即国资改革与战略发展基金(鲲鹏基金)。

鲲鹏基金的定位是混合型的并购母基金,运作模式包括设立专项子基金和直接股权投资。

(2)管理机构:

深圳市鲲鹏股权投资管理有限公司。

深圳市鲲鹏股权投资管理有限公司(简称"鲲鹏资本")是深圳市委、市政府为深化国资国企改革、推动国有企业做强做优做大和助力全市产业转型升级而设立的战略性基金管理平台,于2016年6月注册成立,注册资本3亿元人民币。

4.4 深圳市基础设施投资基金

(1)基金概况:

2018年12月,深圳市基础设施基金由深圳市发展改革委会同财政委等部门共同组建,由深圳市特区建设发展集团有限公司、深圳市投资控股有限公司、深圳市创新投资集团有限公司3家市属国企共同出资,深圳市特区建设发展集团作为控股股东。深圳市基础设施投资基金是深圳市委、市政府推动供给侧结构性改革的重大战略举措,致力于推动政策性功能定位与市场化运作有机集合,旨在有效发挥好政府投资杠杆作用,提高政府投资效率,推进基础设施建设市场化运作,进一步吸引社会资本参与基础设施建设,为推进深圳市基础设施可持续发展提供坚实的基础,助力深圳现代化、国际化创新型城市建设。

(2)管理机构：

深圳市基础设施投资基金管理有限责任公司。

(3)投资领域：

主要投向深圳市基础设施投资和公共服务建设。

4.5 深圳市福田引导基金

(1)基金概况：

为贯彻落实《中共中央 国务院关于深化体制机制改革加快实现创新驱动发展战略的若干意见》(中发〔2015〕8号)文件精神,创新财政支持经济发展方式,经深圳市福田区委、区政府决策,2015年8月31日,注册成立了深圳市福田引导基金投资有限公司(以下简称"公司"),注册资本25亿元。公司由区政府出资设立并按市场化方式运作,其宗旨是发挥市场资源配置作用和财政资金引导放大作用,引导社会资本投资创新创业、新兴产业发展、城市基础设施建设、民生事业发展等领域,大力培育新兴企业,促进产业转型升级发展,提升民生事业和城市基础设施建设水平。

(2)管理机构：

引导基金投资管理委员会为公司重大事项的决策机构,区财政局为该引导基金的主管部门,公司为该引导基金的管理机构,具体负责引导基金的管理和运营。基金主要通过参股或合伙方式,与社会资本合作发起设立或增资各类投资基金(简称子基金)进行投资运作。

(3)投资领域：

子资金投资行业涉及新能源、新材料、航天军工、信息技术、生物医药、升级消费等领域,基金类型涵盖天使基金、PE/VC基金、母基金。

(4)存续情况：

2019年9月23日，深圳市福田引导基金拟出资子基金进行第十三次公示。

4.6 深圳市南山区产业发展投资引导基金

(1)基金概况：

南山区产业发展投资引导基金成立于2015年，目标规模20亿元人民币，是由南山区政府发起设立，并按市场化方式运作的政策性基金，以南山经济社会发展战略和产业政策调控为导向。

基金的主要投资方式是通过公开征集、择优选定若干家基金管理机构，以参股或合伙的方式，合作发起设立各类投资基金，或参与现有投资基金。对于子基金和基金管理机构的要求，第一是关于注册地的要求，原则上要求子基金和基金管理机构在南山区进行注册；第二，引导基金对子基金的出资原则上不超过30%，同时要求子基金投向南山辖区企业的资金规模不低于引导基金出资额的两倍；第三，要求基金管理机构拥有具备丰富投资管理经验的投资团队和健全的风险隔离机制。

(2)管理机构：

深圳市汇通金控基金投资有限公司。

(3)投资领域：

围绕南山经济社会发展战略和产业政策调控导向，按照"政府引导、市场运作、社会参与、防范风险"的原则，引导社会资本重点投向南山区战略性新兴产业（生物、互联网、新能源、新材料、新一代信息技术、文化创意、节能环保等）、未来产业（生命健康、海洋、航空航天、军工、机器人、可穿戴、智能装备等）、现代服务业、优势传统产业等符合产业发展导向的领域，促进社会资本、优质创业项目、技术和人才向南山区集聚。

(4)存续情况：

2018年6月印发《南山区产业发展投资基金管理办法》，有效期5年。

4.7 深圳市罗湖区政府投资引导基金

(1)基金概况：

深圳市罗湖区政府投资引导基金是由罗湖区政府出资设立并按市场化方式运作的政策性基金。罗湖区政府独资设立了深圳市罗湖引导基金投资有限公司，作为引导基金对外投资的主体，由其发起设立政府投资引导基金。

深圳市罗湖区政府投资引导基金成立于2015年11月，首期募集规模为35亿元人民币，资金来自罗湖区财政局。

(2)管理机构：

深圳市罗湖引导基金投资有限公司。

(3)投资领域：

引导社会资本投向创新创业、新兴产业发展、城市更新、产业用房、城市基础设施建设、民生事业发展等领域，大力培育新兴企业，促进产业转型升级，提升民生事业和城市基础设施建设水平。

(4)存续情况：

截至2019年11月，罗湖区引导基金合作设立子基金4支，批准增资企业2个。

4.8 深圳市龙岗区创业投资引导基金

(1)基金概况：

深圳市龙岗区创业投资引导基金成立于2014年，目标规模5亿元人民币，存续期一般为7~10年，是由龙岗区人民政府出资设立并按照市场化方式运作的政策性基金,其宗旨是发挥财政资金的杠杆放大效应,引导社会资金加大对龙岗区战略性新兴产业等领域的投资,重点投资于小微型创新企业和中小型创新企业。

(2)管理机构：

深圳市龙岗区创业投资引导基金管理有限公司。

(3)投资领域：

重点投资于战略性新兴产业、先进制造业、高端服务业等政府鼓励的产业领域。

4.9 深圳市龙岗区政策性投资引导基金

(1)基金概况：

深圳市龙岗区政府投资引导基金是由龙岗区政府出资设立并按市场化方式运作的政策性基金,2017年成立。引导基金的资金来源为区财政拨款、引导基金分配留成的投资收益和社会捐赠等。

(2)管理机构：

龙岗区政府独资设立深圳市龙岗金融投资控股有限公司(以下简称"金控公司"),作为基金管理机构。金控公司成立深圳市龙岗区引导基金投资有限公司作为参股子基金出资人,区财政对引导基金的出资以资本金形式注入金控公司。

(3)投资领域：

基金重点投向以创新创业、新兴产业发展、城市基础设施建设、民生事业发展为主要投资方向的子基金,以及配套国家级、省级和市级政府引导基金投资计划,大力培育新兴企业。金控公司可根据区政府战略部署,经投委会批准后调整引导基金投资方向。

(4)存续情况：

2017年11月,深圳市龙岗区政策性投资引导基金发布拟出资子基金公示。

4.10 深圳市龙华区引导基金

(1)基金概况:

深圳市龙华区引导基金是由龙华新区政府发起设立并按照市场化方式运作的政策性基金,成立于 2015 年。

(2)管理机构:

深圳市龙华区引导基金投资管理有限公司。其成立于 2015 年 11 月,注册资本 10 亿元人民币。

(3)投资领域:

子基金主要投资于政府扶持和鼓励的创新创业、战略性新兴产业、城市基础设施建设、民生事业发展、投资新区政府扶持和鼓励的其他行业,且应有侧重的专业投资领域,以及参与国家级、省级、市级政府投资引导基金投资项目等。

对区域范围内产业转型升级、创新驱动、特区一体化和社会民生改善等具有显著引领示范作用的子基金优先予以考虑。

(4)存续情况:

截至 2019 年 5 月,深圳市龙华区引导基金总规模为 147 亿元。2019 年 10 月,深圳市龙华区引导基金发布拟出资子基金公示。

4.11 前海深港现代服务业合作区产业投资引导基金

(1)基金概况:

深圳前海深港现代服务业合作区产业投资引导基金是由前海产业发展资金等财政资金出资设立,并按市场化方式运作的政策性引导基金。

(2) 管理机构：

深圳前海梦基金管理有限公司。

(3) 基金概况：

深圳前海深港现代服务业合作区产业投资引导基金重点投向前海合作区及前海蛇口自贸片区重点扶持的现代服务业和战略性新兴产业、城市基础设施建设、民生事业发展等为主要投资方向的子基金，以及配套国家级、省级、市级政府引导基金投资计划。

(4) 存续情况：

2019年4月，深圳前海深港现代服务业合作区产业投资引导基金申报指南发布。

4.12 光明新区政府投资引导基金

(1) 基金概况：

光明新区政府投资引导基金是指由光明新区管委会出资设立并按市场化方式运作的政策性基金。基金的资金来源为光明新区财政拨款、引导基金分配留成的投资收益和社会捐赠等。基金于2017年3月成立，规模为10亿元。

(2) 管理机构：

经光明新区管委会授权，光明新区发展和财政局对引导基金的出资是以资本金形式注入深圳市光明新区建设发展集团有限公司（下称"新区建发集团"），并由新区建发集团独资成立深圳市光明新区引导基金投资管理有限公司作为基金的受托管理机构。

(3) 投资领域：

基金重点投向以创新创业、新兴产业发展、城市基础设施建设、城市更新、产业空间、民生实业发展为主要投资方向的子基金，以及配套国家级、省级、市级政府引导基金投资计划,大力培育新兴企业。

(4)存续情况:

首支子基金——与深创投合作的红土光明基金(总规模 10 亿元人民币,首期 3 亿元人民币)已于 2017 年 10 月份正式落地。

2017 年 3 月出台《光明新区政府投资引导基金管理暂行办法》,有效期 3 年。

4.13 宝安区产业投资引导基金

(1)基金概况:

宝安区产业投资引导基金是由宝安区政府出资设立并按市场化方式运作的政府投资基金,其宗旨是发挥市场资源配置作用和财政资金引导放大作用,大力培育新兴企业,促进产业转型升级,提升民生事业和城市基础设施建设水平。

(2)管理机构:

深圳市宝安区产业投资引导基金有限公司(下称"引导基金公司")成立于 2015 年 12 月 4 日,是由宝安区政府出资设立的国有独资企业,注册资本 30 亿元,为引导基金管理机构,具体负责引导基金的管理和运营,按照引导基金公司章程和子基金合伙协议等相关约定行使子基金出资人职责。

(3)投资领域:

重点引导社会资本投向战略性新兴产业、未来产业、现代服务业、传统优势产业以及创新创业、城市基础设施建设、民生事业发展等领域,重点支持区政府重要产业遴选项目和重点培育企业。

(4)存续情况:

2019 年 11 月,在宝安高质量发展暨招商引智对接会上,宝安产业投资集团董事长、宝安区产业投资引导基金有限公司董事长彭涤表示,宝安区产业投资引导基金自

2018年4月份以来,先后出资多支知名基金,并初步形成天使基金、VC/PE基金、并购基金、基础设施基金及商业母基金在内的基金群。

2020年1月,深圳市宝安区产业投资引导基金有限公司发布拟出资子基金公示。

4.14 坪山区政府投资引导基金

(1)基金概况:

坪山区政府投资引导基金是由坪山区政府出资设立并按市场化方式运作的政府投资基金,其宗旨是发挥市场资源配置作用和财政资金引导放大作用,引导社会资本投向创新创业、新兴产业、城市基础设施、民生事业等领域,大力集聚和培育新兴企业,促进产业转型升级,提升民生事业和本区基础设施建设水平。

(2)管理机构:

坪山区政府独资设立深圳市坪山区引导基金投资有限公司(下称"投资公司")。投资公司由区财政局负责监督管理,区财政对基金的出资以资本金形式注入投资公司。经管委会批准,投资公司可以将引导基金投资及投后管理等与投资业务相关的事项依法委托一家或多家第三方专业化管理机构管理。

(3)投资领域:

重点投向以创新创业、新兴产业发展、城市基础设施建设、民生事业发展为主要投资方向的子基金,以及配套国家级、省级、市级政府引导基金投资计划,大力集聚和培育新兴产业,营造创新生态。针对不同的投资领域,引导基金对单个子基金的具体出资比例在实施细则中予以明确。投资公司可根据区政府战略部署,经管委会批准后调整引导基金投资方向。

4.15 坪山新区创业投资引导基金

（1）基金概况：

坪山新区创业投资引导基金是由坪山新区财政出资设立并按照市场化方式运作的政策性基金。其宗旨是通过发挥财政资金的杠杆放大效应，引导社会资本加大对新区战略性新兴产业、未来产业等领域的投资，重点投资处于种子期、初创期的中小微型创新企业。

（2）管理机构：

坪山新区创业投资引导基金领导小组为引导基金的最高决策机构。城市建设投资有限公司为引导基金的受托管理机构。

（3）投资领域：

子基金重点投资于新能源、生物、新材料、新一代信息技术、智能装备、文化创意等战略性新兴产业及机器人、生命健康等未来产业领域。

（4）存续情况：

2018年6月，引导社会资本共同参股设立子基金进行创业投资，已实际运作红土基金、新兴产业基金、仙瞳基金、合创基金4支子基金，实现子基金总规模达17.7亿元人民币，实到资本约13亿元人民币，形成了财政资金引导社会资本投资6倍的杠杆效应。为进一步发挥财政资金杠杆作用，让更多的财政资金撬动更多倍的社会资本，坪山新区将总基金规模扩大至10亿元人民币，并拟设立招商产业投资及英智科技2支子基金，吸引社会资本参与全区基础设施建设和新兴产业投资。

以上为节选《政府引导基金名录（2020）》中部分地区政府引导基金情况。

第四部分

政策汇编

关于创业投资企业个人合伙人所得税政策问题的通知

（财税〔2019〕8号）

各省、自治区、直辖市、计划单列市财政厅（局）、发展改革委、证券监督管理机构，国家税务总局各省、自治区、直辖市、计划单列市税务局，新疆生产建设兵团财政局、发展改革委：

为进一步支持创业投资企业（含创投基金，统称创投企业）发展，现将有关个人所得税政策问题通知如下：

一、创投企业可以选择按单一投资基金核算或者按创投企业年度所得整体核算两种方式之一，对其个人合伙人来源于创投企业的所得计算个人所得税应纳税额。

本通知所称创投企业，是指符合《创业投资企业管理暂行办法》（发展改革委等10部门令第39号）或者《私募投资基金监督管理暂行办法》（证监会令第105号）关于创业投资企业（基金）的有关规定，并按照上述规定完成备案且规范运作的合伙制创业投资企业（基金）。

二、创投企业选择按单一投资基金核算的，其个人合伙人从该基金应分得的股权转让所得和股息红利所得，按照20%税率计算缴纳个人所得税。

创投企业选择按年度所得整体核算的，其个人合伙人应从创投企业取得的所得，按照"经营所得"项目、5%~35%的超额累进税率计算缴纳个人所得税。

三、单一投资基金核算，是指单一投资基金（包括不以基金名义设立的创投企业）在一个纳税年度内从不同创业投资项目取得的股权转让所得和股息红利所得按下述方法分别核算纳税：

（一）股权转让所得。单个投资项目的股权转让所得，按年度股权转让收入扣除对应股权原值和转让环节合理费用后的余额计算，股权原值和转让环节合理费用的确定方法，参照股权转让所得个人所得税有关政策规定执行；单一投资基金的股权转让所得，按一个纳税年度内不同投资项目的所得和损失相互抵减后的余额计算，余额大于或等于零的，即确认为该基金的年度股权转让所得；余额小于零的，该基金年度股权转让所得按零计算且不能跨年结转。

个人合伙人按照其应从基金年度股权转让所得中分得的份额计算其应纳税额，并由创投企业在次年3月31日前代扣代缴个人所得税。如符合《财政部 税务总局关于创业投资企业和天使投资个人有关税收政策的通知》(财税〔2018〕55号)规定条件的，创投企业个人合伙人可以按照被转让项目对应投资额的70%抵扣其应从基金年度股权转让所得中分得的份额后再计算其应纳税额，当期不足抵扣的，不得向以后年度结转。

（二）股息红利所得。单一投资基金的股息红利所得，以其来源于所投资项目分配的股息、红利收入以及其他固定收益类证券等收入的全额计算。

个人合伙人按照其应从基金股息红利所得中分得的份额计算其应纳税额，并由创投企业按次代扣代缴个人所得税。

（三）除前述可以扣除的成本、费用之外，单一投资基金发生的包括投资基金管理人的管理费和业绩报酬在内的其他支出，不得在核算时扣除。

本条规定的单一投资基金核算方法仅适用于计算创投企业个人合伙人的应纳税额。

四、创投企业年度所得整体核算，是指将创投企业以每一纳税年度的收入总额减除成本、费用以及损失后，计算应分配给个人合伙人的所得。如符合《财政部 税务总局关于创业投资企业和天使投资个人有关税收政策的通知》(财税〔2018〕55号)规定条件的,创投企业个人合伙人可以按照被转让项目对应投资额的70%抵扣其可以从创投企业应分得的经营所得后再计算其应纳税额。年度核算亏损的,准予按有关规定向以后年度结转。

按照"经营所得"项目计税的个人合伙人,没有综合所得的,可依法减除基本减除费用、专项扣除、专项附加扣除以及国务院确定的其他扣除。从多处取得经营所得的,应汇总计算个人所得税,只减除一次上述费用和扣除。

五、创投企业选择按单一投资基金核算或按创投企业年度所得整体核算后,3年内不能变更。

六、创投企业选择按单一投资基金核算的,应当在按照本通知第一条规定完成备案的30日内,向主管税务机关进行核算方式备案;未按规定备案的,视同选择按创投企业年度所得整体核算。2019年1月1日前已经完成备案的创投企业,选择按单一投资基金核算的,应当在2019年3月1日前向主管税务机关进行核算方式备案。创投企业选择一种核算方式满3年需要调整的,应当在满3年的次年1月31日前,重新向主管税务机关备案。

七、税务部门依法开展税收征管和后续管理工作,可转请发展改革部门、证券监督管理部门对创投企业及其所投项目是否符合有关规定进行核查,发展改革部门、证券监督管理部门应当予以配合。

八、本通知执行期限为2019年1月1日起至2023年12月31日止。

财政部 税务总局 发展改革委 证监会

2019年1月10日

关于在上海证券交易所设立科创板并试点注册制的实施意见

(中国证券监督管理委员会公告〔2019〕2号)

经党中央、国务院同意,现公布《关于在上海证券交易所设立科创板并试点注册制的实施意见》,自公布之日起施行。

中国证监会

2019年1月28日

为进一步落实创新驱动发展战略,增强资本市场对提高我国关键核心技术创新能力的服务水平,促进高新技术产业和战略性新兴产业发展,支持上海国际金融中心和科技创新中心建设,完善资本市场基础制度,推动高质量发展,根据党中央、国务院决策部署和全国人民代表大会常务委员会《关于授权国务院在实施股票发行注册制改革中调整适用〈中华人民共和国证券法〉有关规定的决定》《关于延长授权国务院在实施股票发行注册制改革中调整适用〈中华人民共和国证券法〉有关规定期限的决定》,现就在上海证券交易所(以下简称"上交所")设立科创板并试点注册制,提出以下意见。

一、总体要求

(一)指导思想。深入贯彻习近平新时代中国特色社会主义思想和党的十九大精神,认真落实习近平总书记关于资本市场的一系列重要指示批示精神,按照党中央、国务院决策部署,坚持稳中求进工作总基调,贯彻新发展理念,深化供给侧结构性改革,着眼于加快形成融资功能完备、基础制度扎实、市场监管有效、投资者合法权益得到有效保护的多层次资本市场体系,从设立上交所科创板入手,稳步试点注册制,统筹推进发行、上市、信息披露、交易、退市等基础制度改革,发挥资本市场对提升科技创新能力和实体经济竞争力的支持功能,更好服务高质量发展。

(二)基本原则。一是坚持市场导向,强化市场约束。尊重市场规律,明确和稳定市场预期,建立以市场机制为主导的新股发行制度安排。二是坚持法治导向,依法治市。健全资本市场法律体系,强化依法全面从严监管,保护投资者合法权益,进一步明确市场参与各方权利义务,逐步形成市场参与各方依法履职尽责及维护自身合法权益的市场环境。三是强化信息披露监管,归位尽责。建立和完善以信息披露为中心的股票发行上市制度,强化发行人对信息披露的诚信义务和法律责任,充分发挥中介机构核查把关作用,引导投资者提高风险识别能力和理性投资意识。四是坚持统筹协调,守住底线。发挥好相关政府部门和有关方面的协同配合作用,形成共促市场稳定健康发展的合力,及时防范和化解市场风险。

二、设立上交所科创板

(三)准确把握科创板定位。在上交所新设科创板,坚持面向世界科技前沿、面向经济主战场、面向国家重大需求,主要服务于符合国家战略、突破关键核心技术、市场认可度高的科技创新企业。重点支持新一代信息技术、高端装备、新材料、新能源、节能环保以及生物医药等高新技术产业和战略性新兴产业,推动互联网、大数据、云计算、人工智能和制造业深度融合,引领中高端消费,推动质量变革、效率变革、动力变革。具体行业范围由上交所发布并适时更新。

(四)制定更具包容性的科创板上市条件。更加注重企业科技创新能力,允许符合科创板定位、尚未盈利或存在累计未弥补亏损的企业在科创板上市。综合考虑预计市值、收入、净利润、研发投入、现金流等因素,设置多元包容的上市条件。具体由上交所制定并公布。

（五）允许特殊股权结构企业和红筹企业上市。依照公司法第一百三十一条规定，允许科技创新企业发行具有特别表决权的类别股份，每一特别表决权股份拥有的表决权数量大于每一普通股份拥有的表决权数量，其他股东权利与普通股份相同。特别表决权股份一经转让，应当恢复至与普通股份同等的表决权。公司发行特别表决权股份的，应当在公司章程中规定特别表决权股份的持有人资格、特别表决权股份拥有的表决权数量与普通股份拥有的表决权数量的比例安排、持有人所持特别表决权股份能够参与表决的股东大会事项范围、特别表决权股份锁定安排及转让限制等事项。

存在特别表决权股份的境内科技创新企业申请发行股票并在科创板上市的，公司章程规定的上述事项应当符合上交所有关要求，同时在招股说明书等公开发行文件中，充分披露并特别提示有关差异化表决安排的主要内容、相关风险及对公司治理的影响，以及依法落实保护投资者合法权益的各项措施。

符合《国务院办公厅转发证监会关于开展创新企业境内发行股票或存托凭证试点若干意见的通知》（国办发〔2018〕21号）规定的红筹企业，可以申请发行股票或存托凭证并在科创板上市。红筹企业发行存托凭证的，按国家有关税收政策执行。

（六）确定投资者适当性要求。个人投资者投资科创板股票，证券账户及资金账户持有资产规模应当达到规定标准，且具备相关股票投资经验和相应的风险承受能力。具体标准由上交所制定，并可根据科创板运行情况做适当调整。强化证券公司投资者适当性管理义务和责任追究。

三、稳步实施注册制试点改革

（七）合理制定股票发行条件。精简优化现行公开发行股票条件。申请公开发行股票的公司，除符合科创板定位外，还应当符合下列基本发行条件：一是具备健全且运行良好的组织机构，具有完整的业务体系和直接面向市场独立经营的能力，不存在对持续经营有重大不利影响的情形；二是会计基础工作规范，内部控制制度健全且有效执行，最近三年财务会计报告被出具标准无保留意见审计报告；三是发行人及其控股股东、实际控制人最近三年不存在贪污、贿赂、侵占财产、挪用财产或者破坏社会主义市场经济秩序的刑事犯罪，不存在严重损害社会公共利益的重大违法行为；四是证监会规定的其他条件。逐步将现行发行条件中可以由投资者判断的事项转化为更加严格，更加全面、深入、精准的信息披露要求制度体系。证监会制定《科创板首次公开发行股票注册管理办法（试行）》等规则，对科创板试点注册制的发行条件、注册程序和具体信息披露要求等做出规定。

企业公开发行股票并在科创板上市交易，必须符合发行条件与上市条件，报上交所审核并经证监会注册。

（八）上交所负责科创板发行上市审核。上交所受理企业公开发行股票并上市的申请，审核并判断企业是否符合发行条件、上市条件和信息披露要求。审核工作主要通过提出问题、回答问题方式展开，督促发行人完善信息披露内容。上交所制定审核标准、审核程序等规则，报证监会批准。

上交所成立由相关领域科技专家、知名企业家、资深投资专家等组成的科技创新咨询委员会，为发行上市审核提供专业咨询和政策建议。必要时可对申请发行上市的企业进行询问。

（九）证监会负责科创板股票发行注册。上交所审核通过后，将审核意见及发行人注册申请文件报送证监会履行注册程序。注册工作不适用发行审核委员会审核程序，按证监会制定的程序进行，依照规定的发行条件和信息披露要求，在20个工作日内作出是否同意注册的决定。

科创板上市公司非公开发行新股实行注册制,具体程序与公开发行相同。证监会完善再融资制度,提高科创板再融资便利性。

(十)证监会对上交所审核工作进行监督。督促上交所建立内部防火墙制度,发行上市审核部门与其他部门隔离运行,防范利益冲突。持续追踪发行人的信息披露文件、上交所的审核意见,定期或不定期对上交所审核工作进行抽查和检查,落实对上交所审核工作的监督问责机制。督促上交所提高审核工作透明度,审核过程和审核意见向社会公开,减少自由裁量空间。上交所参与审核的人员,不得与发行人有利害关系,不得直接或间接与发行人有利益往来,不得持有发行人的股票,不得私下与发行人进行接触,切实防范以权谋私、利益输送等违法违纪行为。

(十一)强化事前事中事后全过程监管。在发行上市审核、注册和新股发行过程中,发现发行人存在重大违法违规嫌疑的,证监会可以要求上交所处理,也可以宣布发行注册暂缓生效,或者暂停新股发行,直至撤销发行注册。

四、完善基础制度

(十二)构建科创板股票市场化发行承销机制。科创板市场新股发行价格、规模、节奏主要通过市场化方式决定,强化市场约束。对新股发行定价不设限制,建立以机构投资者为参与主体的询价、定价、配售等机制,充分发挥机构投资者专业能力。试行保荐人相关子公司"跟投"制度。支持科创板上市公司引入战略投资者,科技创新企业高管、员工可以参与战略配售,发挥好超额配售选择权制度作用,促进股价稳定。加强对定价承销的事中事后监管,建立上市后交易价格监控机制,约束非理性定价。制定合理的科创板上市公司股份锁定期和减持制度安排。

(十三)强化信息披露监管。切实树立以信息披露为中心的监管理念,全面建立严格的信息披露体系并严格执行。明确发行人是信息披露第一责任人,充分披露投资者做出价值判断和投资决策所必需的信息,确保信息披露真实、准确、完整、及时、公平。明确发行人的控股股东、实际控制人不得要求或协助发行人隐瞒重要信息。

上交所建立以上市规则为中心的持续监管规则体系,在持续信息披露、并购重组、股权激励、退市等方面制定符合科创板上市公司特点的具体实施规则,报证监会批准。

科创板上市公司要根据自身特点,强化对业绩波动、行业风险、公司治理等相关事项的针对性信息披露。明确要求发行人披露科研水平、科研人员、科研资金投入等相关信息,督促引导发行人将募集资金重点投向科技创新领域。

(十四)完善交易制度。科创板采取独立交易模块和独立行情显示,交易日历、证券账户、申报成交等安排与上交所主板一致。基于科创板上市公司特点和投资者适当性要求,建立更加市场化的交易机制,研究制定股票日涨跌幅等标准。适当提高每笔最低交易股票数量。稳妥有序将科创板股票纳入融资融券标的,促进融资融券业务均衡发展。在竞价交易基础上,条件成熟时引入做市商机制。科创板运行一段时间后,由上交所对交易制度进行综合评估,必要时加以完善。

(十五)建立高效的并购重组机制。科创板上市公司并购重组统一由上交所审核,涉及发行股票的,实行注册制。证监会依法批准上交所制定的科创板上市公司并购重组审核标准及规则体系。达到一定规模的上市公司,可以依法分拆其业务独立、符合条件的子公司在科创板上市。

(十六)严格实施退市制度。严格交易类强制退市指标,对交易量、股价、股东人数等不符合条件的企业依法终止上市。优化财务类强制退市指标,科创板股票不适用证券法第五十六条第三项关于连续亏损终止上市的规定;对连续被出具否定或无法表示意见审计报告的上市公司实施终止上市。严格实施重大违法强制退市制度,对构成欺诈发行、重大信息披露违法或其他重大违法行为的上市公司依法坚决终止上市。科创板股票不适用证券法第五十五条关于暂停上市的规定,应当退市的直接终止上市。

五、完善配套改革措施

(十七)加强科创板上市公司持续监管。上交所要依法发挥一线监管职能,强化监管问询,加大现场检查力度,提高上市公司信息披露质量。适当延长核心技术团队股份锁定期,促进上市公司稳定经营。适当延长未盈利上市公司控股股东、实际控制人、董事、监事、高级管理人员的股份锁定期。加强上市公司信息披露与二级市场监管联动,切实防范和打击内幕交易与操纵市场行为。

(十八)强化中介机构责任。保荐人作为主要中介机构,必须诚实守信、勤勉尽责,充分了解发行人经营情况和风险,并对发行人的申请文件和信息披露资料进行全面核查验证。建立保荐人资格与新股发行信息披露质量挂钩机制。适当延长保荐人持续督导期。证券服务机构及其从业人员应当对本专业相关的业务事项履行特别注意义务,对其他业务事项履行普通注意义务。对发行人、上市公司虚假记载、误导性陈述或重大遗漏负有责任的保荐人、会计师事务所、律师事务所、资产评估机构,加大处罚力度。

(十九)保护投资者合法权益。严厉打击欺诈发行、虚假陈述等违法行为。对以欺骗手段骗取发行注册等违法行为,依照证券法第一百八十九条等规定依法从重处罚。对欺诈发行上市的,可以责令上市公司及其控股股东、实际控制人按规定购回已上市的股份。探索建立发行人和投资者之间的纠纷化解和赔偿救济机制。将发行人和相关中介机构及责任人的信用记录纳入国家统一信用信息平台,加强监管信息共享,完善失信联合惩戒机制。

(二十)推动完善有关法律法规。加强行政执法与司法的衔接,符合刑事追诉标准、涉嫌犯罪的案件,依法及时移送司法机关追究刑事责任。推动完善相关法律制度和司法解释,建立健全证券支持诉讼示范判决机制。根据试点情况,探索完善与注册制相适应的证券民事诉讼法律制度。

证监会根据本意见制定《科创板首次公开发行股票注册管理办法(试行)》等监管规则,明确股票发行条件、注册程序、信息披露、中介机构职责、监督管理和法律责任等事项,并完善相关配套制度规则。上交所应制定科创板发行、上市、信息披露、交易、退市等业务规则,建立健全公开透明高效的审核机制。证监会及上交所根据科创板运行和注册制试点情况,及时总结经验,适时调整完善相关具体制度安排。

中华人民共和国外商投资法

(2019年3月15日第十三届全国人民代表大会第二次会议通过)

目 录

第一章 总　　则

第二章 投资促进

第三章 投资保护

第四章 投资管理

第五章 法律责任

第六章 附　　则

第一章 总　　则

第一条 为了进一步扩大对外开放，积极促进外商投资，保护外商投资合法权益，规范外商投资管理，推动形成全面开放新格局，促进社会主义市场经济健康发展，根据宪法，制定本法。

第二条 在中华人民共和国境内（以下简称中国境内）的外商投资，适用本法。

本法所称外商投资，是指外国的自然人、企业或者其他组织（以下称外国投资者）直接或者间接在中国境内进行的投资活动，包括下列情形：

（一）外国投资者单独或者与其他投资者共同在中国境内设立外商投资企业；

（二）外国投资者取得中国境内企业的股份、股权、财产份额或者其他类似权益；

（三）外国投资者单独或者与其他投资者共同在中国境内投资新建项目；

（四）法律、行政法规或者国务院规定的其他方式的投资。

本法所称外商投资企业，是指全部或者部分由外国投资者投资，依照中国法律在中国境内经登记注册设立的企业。

第三条　国家坚持对外开放的基本国策,鼓励外国投资者依法在中国境内投资。

国家实行高水平投资自由化便利化政策,建立和完善外商投资促进机制,营造稳定、透明、可预期和公平竞争的市场环境。

第四条　国家对外商投资实行准入前国民待遇加负面清单管理制度。

前款所称准入前国民待遇,是指在投资准入阶段给予外国投资者及其投资不低于本国投资者及其投资的待遇;所称负面清单,是指国家规定在特定领域对外商投资实施的准入特别管理措施。国家对负面清单之外的外商投资,给予国民待遇。

负面清单由国务院发布或者批准发布。

中华人民共和国缔结或者参加的国际条约、协定对外国投资者准入待遇有更优惠规定的,可以按照相关规定执行。

第五条　国家依法保护外国投资者在中国境内的投资、收益和其他合法权益。

第六条　在中国境内进行投资活动的外国投资者、外商投资企业,应当遵守中国法律法规,不得危害中国国家安全、损害社会公共利益。

第七条　国务院商务主管部门、投资主管部门按照职责分工,开展外商投资促进、保护和管理工作;国务院其他有关部门在各自职责范围内,负责外商投资促进、保护和管理的相关工作。

县级以上地方人民政府有关部门依照法律法规和本级人民政府确定的职责分工,开展外商投资促进、保护和管理工作。

第八条　外商投资企业职工依法建立工会组织,开展工会活动,维护职工的合法权益。外商投资企业应当为本企业工会提供必要的活动条件。

第二章　投资促进

第九条　外商投资企业依法平等适用国家支持企业发展的各项政策。

第十条　制定与外商投资有关的法律、法规、规章,应当采取适当方式征求外商投资企业的意见和建议。

与外商投资有关的规范性文件、裁判文书等,应当依法及时公布。

第十一条　国家建立健全外商投资服务体系,为外国投资者和外商投资企业提供法律法规、政策措施、投资项目信息等方面的咨询和服务。

第十二条　国家与其他国家和地区、国际组织建立多边、双边投资促进合作机制,加强投资领域的国际交流与合作。

第十三条　国家根据需要,设立特殊经济区域,或者在部分地区实行外商投资试验性政策措施,促进外商投资,扩大对外开放。

第十四条　国家根据国民经济和社会发展需要,鼓励和引导外国投资者在特定行业、领域、地区投资。外国投资者、外商投资企业可以依照法律、行政法规或者国务院的规定享受优惠待遇。

第十五条　国家保障外商投资企业依法平等参与标准制定工作,强化标准制定的信息公开和社会监督。

国家制定的强制性标准平等适用于外商投资企业。

第十六条　国家保障外商投资企业依法通过公平竞争参与政府采购活动。政府采购依法对外商投资企业在中国境内生产的产品、提供的服务平等对待。

第十七条　外商投资企业可以依法通过公开发行股票、公司债券等证券和其他方式进行融资。

第十八条　县级以上地方人民政府可以根据法律、行政法规、地方性法规的规定,在法定权限内制定外商投资促进和便利化政策措施。

第十九条　各级人民政府及其有关部门应当按照便利、高效、透明的原则,简化办事程序,提高办事效率,优化政务服务,进一步提高外商投资服务水平。

有关主管部门应当编制和公布外商投资指引,为外国投资者和外商投资企业提供服务和便利。

第三章 投资保护

第二十条 国家对外国投资者的投资不实行征收。

在特殊情况下,国家为了公共利益的需要,可以依照法律规定对外国投资者的投资实行征收或者征用。征收、征用应当依照法定程序进行,并及时给予公平、合理的补偿。

第二十一条 外国投资者在中国境内的出资、利润、资本收益、资产处置所得、知识产权许可使用费、依法获得的补偿或者赔偿、清算所得等,可以依法以人民币或者外汇自由汇入、汇出。

第二十二条 国家保护外国投资者和外商投资企业的知识产权,保护知识产权权利人和相关权利人的合法权益;对知识产权侵权行为,严格依法追究法律责任。

国家鼓励在外商投资过程中基于自愿原则和商业规则开展技术合作。技术合作的条件由投资各方遵循公平原则平等协商确定。行政机关及其工作人员不得利用行政手段强制转让技术。

第二十三条 行政机关及其工作人员对于履行职责过程中知悉的外国投资者、外商投资企业的商业秘密,应当依法予以保密,不得泄露或者非法向他人提供。

第二十四条 各级人民政府及其有关部门制定涉及外商投资的规范性文件,应当符合法律法规的规定;没有法律、行政法规依据的,不得减损外商投资企业的合法权益或者增加其义务,不得设置市场准入和退出条件,不得干预外商投资企业的正常生产经营活动。

第二十五条 地方各级人民政府及其有关部门应当履行向外国投资者、外商投资企业依法作出的政策承诺以及依法订立的各类合同。

因国家利益、社会公共利益需要改变政策承诺、合同约定的,应当依照法定权限和程序进行,并依法对外国投资者、外商投资企业因此受到的损失予以补偿。

第二十六条　国家建立外商投资企业投诉工作机制,及时处理外商投资企业或者其投资者反映的问题,协调完善相关政策措施。

外商投资企业或者其投资者认为行政机关及其工作人员的行政行为侵犯其合法权益的,可以通过外商投资企业投诉工作机制申请协调解决。

外商投资企业或者其投资者认为行政机关及其工作人员的行政行为侵犯其合法权益的,除依照前款规定通过外商投资企业投诉工作机制申请协调解决外,还可以依法申请行政复议、提起行政诉讼。

第二十七条　外商投资企业可以依法成立和自愿参加商会、协会。商会、协会依照法律法规和章程的规定开展相关活动,维护会员的合法权益。

第四章　投资管理

第二十八条　外商投资准入负面清单规定禁止投资的领域,外国投资者不得投资。

外商投资准入负面清单规定限制投资的领域,外国投资者进行投资应当符合负面清单规定的条件。

外商投资准入负面清单以外的领域,按照内外资一致的原则实施管理。

第二十九条　外商投资需要办理投资项目核准、备案的,按照国家有关规定执行。

第三十条　外国投资者在依法需要取得许可的行业、领域进行投资的,应当依法办理相关许可手续。

有关主管部门应当按照与内资一致的条件和程序,审核外国投资者的许可申请,法律、行政法规另有规定的除外。

第三十一条　外商投资企业的组织形式、组织机构及其活动准则,适用《中华人民共和国公司法》《中华人民共和国合伙企业法》等法律的规定。

第三十二条　外商投资企业开展生产经营活动,应当遵守法律、行政法规有关劳动保护、社会保险的规定,依照法律、行政法规和国家有关规定办理税收、会计、外汇等事宜,并接受相关主管部门依法实施的监督检查。

第三十三条　外国投资者并购中国境内企业或者以其他方式参与经营者集中的,应当依照《中华人民共和国反垄断法》的规定接受经营者集中审查。

第三十四条　国家建立外商投资信息报告制度。外国投资者或者外商投资企业应当通过企业登记系统以及企业信用信息公示系统向商务主管部门报送投资信息。

外商投资信息报告的内容和范围按照确有必要的原则确定;通过部门信息共享能够获得的投资信息,不得再行要求报送。

第三十五条　国家建立外商投资安全审查制度,对影响或者可能影响国家安全的外商投资进行安全审查。

依法作出的安全审查决定为最终决定。

第五章　法律责任

第三十六条　外国投资者投资外商投资准入负面清单规定禁止投资的领域的,由有关主管部门责令停止投资活动,限期处分股份、资产或者采取其他必要措施,恢复到实施投资前的状态;有违法所得的,没收违法所得。

外国投资者的投资活动违反外商投资准入负面清单规定的限制性准入特别管理措施的,由有关主管部门责令限期改正,采取必要措施满足准入特别管理措施的要求;逾期不改正的,依照前款规定处理。

外国投资者的投资活动违反外商投资准入负面清单规定的,除依照前两款规定处理外,还应当依法承担相应的法律责任。

第三十七条　外国投资者、外商投资企业违反本法规定,未按照外商投资信息报告制度的要求报送投资信息的,由商务主管部门责令限期改正;逾期不改正的,处十万元以上五十万元以下的罚款。

第三十八条 对外国投资者、外商投资企业违反法律、法规的行为,由有关部门依法查处,并按照国家有关规定纳入信用信息系统。

第三十九条 行政机关工作人员在外商投资促进、保护和管理工作中滥用职权、玩忽职守、徇私舞弊的,或者泄露、非法向他人提供履行职责过程中知悉的商业秘密的,依法给予处分;构成犯罪的,依法追究刑事责任。

第六章 附 则

第四十条 任何国家或者地区在投资方面对中华人民共和国采取歧视性的禁止、限制或者其他类似措施的,中华人民共和国可以根据实际情况对该国家或者该地区采取相应的措施。

第四十一条 对外国投资者在中国境内投资银行业、证券业、保险业等金融行业,或者在证券市场、外汇市场等金融市场进行投资的管理,国家另有规定的,依照其规定。

第四十二条 本法自2020年1月1日起施行。《中华人民共和国中外合资经营企业法》《中华人民共和国外资企业法》《中华人民共和国中外合作经营企业法》同时废止。

本法施行前依照《中华人民共和国中外合资经营企业法》《中华人民共和国外资企业法》《中华人民共和国中外合作经营企业法》设立的外商投资企业,在本法施行后五年内可以继续保留原企业组织形式等。具体实施办法由国务院规定。

上市公司重大资产重组管理办法(2019年修正)

第一章 总则

第一条 为了规范上市公司重大资产重组行为,保护上市公司和投资者的合法权益,促进上市公司质量不断提高,维护证券市场秩序和社会公共利益,根据《公司法》《证券法》等法律、行政法规的规定,制定本办法。

第二条 本办法适用于上市公司及其控股或者控制的公司在日常经营活动之外购买、出售资产或者通过其他方式进行资产交易达到规定的比例,导致上市公司的主营业务、资产、收入发生重大变化的资产交易行为(以下简称重大资产重组)。上市公司发行股份购买资产应当符合本办法的规定。上市公司按照经中国证券监督管理委员会(以下简称中国证监会)核准的发行证券文件披露的募集资金用途,使用募集资金购买资产、对外投资的行为,不适用本办法。

第三条 任何单位和个人不得利用重大资产重组损害上市公司及其股东的合法权益。

第四条 上市公司实施重大资产重组,有关各方必须及时、公平地披露或者提供信息,保证所披露或者提供信息的真实、准确、完整,不得有虚假记载、误导性陈述或者重大遗漏。

第五条 上市公司的董事、监事和高级管理人员在重大资产重组活动中,应当诚实守信、勤勉尽责,维护公司资产的安全,保护公司和全体股东的合法权益。

第六条 为重大资产重组提供服务的证券服务机构和人员,应当遵守法律、行政法规和中国证监会的有关规定,遵循本行业公认的业务标准和道德规范,严格履行职责,对其所制作、出具文件的真实性、准确性和完整性承担责任。前款规定的证券服务机构和人员,不得教唆、协助或者伙同委托人编制或者披露存在虚假记载、误导性陈述或者重大遗漏的报告、公告文件,不得从事不正当竞争,不得利用上市公司重大资产重组谋取不正当利益。

第七条　任何单位和个人对所知悉的重大资产重组信息在依法披露前负有保密义务。禁止任何单位和个人利用重大资产重组信息从事内幕交易、操纵证券市场等违法活动。

第八条　中国证监会依法对上市公司重大资产重组行为进行监督管理。中国证监会审核上市公司重大资产重组或者发行股份购买资产的申请,可以根据上市公司的规范运作和诚信状况、财务顾问的执业能力和执业质量,结合国家产业政策和重组交易类型,作出差异化的、公开透明的监管制度安排,有条件地减少审核内容和环节。

第九条　鼓励依法设立的并购基金、股权投资基金、创业投资基金、产业投资基金等投资机构参与上市公司并购重组。

第十条　中国证监会在发行审核委员会中设立上市公司并购重组审核委员会(以下简称并购重组委),并购重组委以投票方式对提交其审议的重大资产重组或者发行股份购买资产申请进行表决,提出审核意见。

第二章　重大资产重组的原则和标准

第十一条　上市公司实施重大资产重组,应当就本次交易符合下列要求作出充分说明,并予以披露:

(一)符合国家产业政策和有关环境保护、土地管理、反垄断等法律和行政法规的规定;

(二)不会导致上市公司不符合股票上市条件;

(三)重大资产重组所涉及的资产定价公允,不存在损害上市公司和股东合法权益的情形;

(四)重大资产重组所涉及的资产权属清晰,资产过户或者转移不存在法律障碍,相关债权债务处理合法；

（五）有利于上市公司增强持续经营能力，不存在可能导致上市公司重组后主要资产为现金或者无具体经营业务的情形；

（六）有利于上市公司在业务、资产、财务、人员、机构等方面与实际控制人及其关联人保持独立，符合中国证监会关于上市公司独立性的相关规定；

（七）有利于上市公司形成或者保持健全有效的法人治理结构。

第十二条　上市公司及其控股或者控制的公司购买、出售资产，达到下列标准之一的，构成重大资产重组：

（一）购买、出售的资产总额占上市公司最近一个会计年度经审计的合并财务会计报告期末资产总额的比例达到50%以上；

（二）购买、出售的资产在最近一个会计年度所产生的营业收入占上市公司同期经审计的合并财务会计报告营业收入的比例达到50%以上；

（三）购买、出售的资产净额占上市公司最近一个会计年度经审计的合并财务会计报告期末净资产额的比例达到50%以上，且超过5 000万元人民币。购买、出售资产未达到前款规定标准，但中国证监会发现存在可能损害上市公司或者投资者合法权益的重大问题的，可以根据审慎监管原则，责令上市公司按照本办法的规定补充披露相关信息、暂停交易、聘请独立财务顾问或者其他证券服务机构补充核查并披露专业意见。

第十三条　上市公司自控制权发生变更之日起36个月内，向收购人及其关联人购买资产，导致上市公司发生以下根本变化情形之一的，构成重大资产重组，应当按照本办法的规定报经中国证监会核准：

（一）购买的资产总额占上市公司控制权发生变更的前一个会计年度经审计的合并财务会计报告期末资产总额的比例达到100%以上；

（二）购买的资产在最近一个会计年度所产生的营业收入占上市公司控制权发生变更的前一个会计年度经审计的合并财务会计报告营业收入的比例达到100%以上；

（三）购买的资产净额占上市公司控制权发生变更的前一个会计年度经审计的合并财务会计报告期末净资产额的比例达到100%以上；

（四）为购买资产发行的股份占上市公司首次向收购人及其关联人购买资产的董事会决议前一个交易日的股份的比例达到100%以上；

（五）上市公司向收购人及其关联人购买资产虽未达到本款第（一）至第（四）项标准，但可能导致上市公司主营业务发生根本变化；

（六）中国证监会认定的可能导致上市公司发生根本变化的其他情形。上市公司实施前款规定的重大资产重组，应当符合下列规定：

（一）符合本办法第十一条、第四十三条规定的要求；

（二）上市公司购买的资产对应的经营实体应当是股份有限公司或者有限责任公司，且符合《首次公开发行股票并上市管理办法》规定的其他发行条件；

（三）上市公司及其最近3年内的控股股东、实际控制人不存在因涉嫌犯罪正被司法机关立案侦查或涉嫌违法违规正被中国证监会立案调查的情形，但是，涉嫌犯罪或违法违规的行为已经终止满3年，交易方案能够消除该行为可能造成的不良后果，且不影响对相关行为人追究责任的除外；

（四）上市公司及其控股股东、实际控制人最近12个月内未受到证券交易所公开谴责，不存在其他重大失信行为；

（五）本次重大资产重组不存在中国证监会认定的可能损害投资者合法权益，或者违背公开、公平、公正原则的其他情形。上市公司通过发行股份购买资产进行重大资产重组的，适用《证券法》和中国证监会的相关规定。本条第一款所称控制权，按照《上市公司收购管理办法》第八十四条的规定进行认定。上市公司股权分散，董事、高级管理人员可以支配公司重大的财务和经营决策的,视为具有上市公司控制权。创业板上市公司自控制权发生变更之日起,向收购人及其关联人购买符合国家战略的高新技术产业和战略性新兴产业资产,导致本条第一款规定任一情形的,所购买资产对应的经营实体应当是股份有限公司或者有限责任公司,且符合《首次公开发行股票并在创业板上市管理办法》规定的其他发行条件。上市公司自控制权发生变更之日起,向收购人及其关联人购买的资产属于金融、创业投资等特定行业的,由中国证监会另行规定。

第十四条 计算本办法第十二条、第十三条规定的比例时,应当遵守下列规定:

(一)购买的资产为股权的,其资产总额以被投资企业的资产总额与该项投资所占股权比例的乘积和成交金额二者中的较高者为准,营业收入以被投资企业的营业收入与该项投资所占股权比例的乘积为准,资产净额以被投资企业的净资产额与该项投资所占股权比例的乘积和成交金额二者中的较高者为准;出售的资产为股权的,其资产总额、营业收入以及资产净额分别以被投资企业的资产总额、营业收入以及净资产额与该项投资所占股权比例的乘积为准。

购买股权导致上市公司取得被投资企业控股权的,其资产总额以被投资企业的资产总额和成交金额二者中的较高者为准,营业收入以被投资企业的营业收入为准,资产净额以被投资企业的净资产额和成交金额二者中的较高者为准;出售股权导致上市公司丧失被投资企业控股权的,其资产总额、营业收入以及资产净额分别以被投资企业的资产总额、营业收入以及净资产额为准。

(二)购买的资产为非股权资产的,其资产总额以该资产的账面值和成交金额二者中的较高者为准,资产净额以相关资产与负债的账面值差额和成交金额二者中的较高者为准;出售的资产为非股权资产的,其资产总额、资产净额分别以该资产的账面值、相关资产与负债账面值的差额为准;该非股权资产不涉及负债的,不适用第十二条第一款第(三)项规定的资产净额标准。

(三)上市公司同时购买、出售资产的,应当分别计算购买、出售资产的相关比例,并以二者中比例较高者为准。

(四)上市公司在12个月内连续对同一或者相关资产进行购买、出售的,以其累计数分别计算相应数额。已按照本办法的规定编制并披露重大资产重组报告书的资产交易行为,无须纳入累计计算的范围。中国证监会对本办法第十三条第一款规定的重大资产重组的累计期限和范围另有规定的,从其规定。交易标的资产属于同一交易方所有或者控制,或者属于相同或者相近的业务范围,或者中国证监会认定的其他情形下,可以认定为同一或者相关资产。

第十五条 本办法第二条所称通过其他方式进行资产交易,包括:

(一)与他人新设企业、对已设立的企业增资或者减资;

(二)受托经营、租赁其他企业资产或者将经营性资产委托他人经营、租赁;

(三)接受附义务的资产赠与或者对外捐赠资产;

(四)中国证监会根据审慎监管原则认定的其他情形。

上述资产交易实质上构成购买、出售资产,且按照本办法规定的标准计算的相关比例达到50%以上的,应当按照本办法的规定履行相关义务和程序。

第三章 重大资产重组的程序

第十六条 上市公司与交易对方就重大资产重组事宜进行初步磋商时,应当立即采取必要且充分的保密措施,制定严格有效的保密制度,限定相关敏感信息的知悉范围。上市公司及交易对方聘请证券服务机构的,应当立即与所聘请的证券服务机构签署保密协议。

上市公司关于重大资产重组的董事会决议公告前,相关信息已在媒体上传播或者公司股票交易出现异常波动的,上市公司应当立即将有关计划、方案或者相关事项的现状以及相关进展情况和风险因素等予以公告,并按照有关信息披露规则办理其他相关事宜。

第十七条　上市公司应当聘请独立财务顾问、律师事务所以及具有相关证券业务资格的会计师事务所等证券服务机构就重大资产重组出具意见。独立财务顾问和律师事务所应当审慎核查重大资产重组是否构成关联交易,并依据核查确认的相关事实发表明确意见。重大资产重组涉及关联交易的,独立财务顾问应当就本次重组对上市公司非关联股东的影响发表明确意见。资产交易定价以资产评估结果为依据的,上市公司应当聘请具有相关证券业务资格的资产评估机构出具资产评估报告。

证券服务机构在其出具的意见中采用其他证券服务机构或者人员的专业意见的,仍然应当进行尽职调查,审慎核查其采用的专业意见的内容,并对利用其他证券服务机构或者人员的专业意见所形成的结论负责。

第十八条　上市公司及交易对方与证券服务机构签订聘用合同后,非因正当事由不得更换证券服务机构。确有正当事由需要更换证券服务机构的,应当披露更换的具体原因以及证券服务机构的陈述意见。

第十九条　上市公司应当在重大资产重组报告书的管理层讨论与分析部分,就本次交易对上市公司的持续经营能力、未来发展前景、当年每股收益等财务指标和非财务指标的影响进行详细分析。

第二十条　重大资产重组中相关资产以资产评估结果作为定价依据的,资产评估机构应当按照资产评估相关准则和规范开展执业活动;上市公司董事会应当对评估机构的独立性、评估假设前提的合理性、评估方法与评估目的的相关性以及评估定价的公允性发表明确意见。相关资产不以资产评估结果作为定价依据的,上市公司应当在重大资产重组报告书中详细分析说明相关资产的估值方法、参数及其他影响估值结果的指标和因素。上市公司董事会应当对估值机构的独立性、估值假设前提的合理性、估值方法与估值目的的相关性发表明确意见,并结合相关资产的市场可比交易价格、同行业上市公司的市盈率或者市净率等通行指标,在重大资产重组报告书中详细分析本次交易定价的公允性。前二款情形中,评估机构、估值机构原则上应当采取两种以上的方法进行评估或者估值;上市公司独立董事应当出席董事会会议,对评估机构或者估值机构的独立性、评估或者估值假设前提的合理性和交易定价的公允性发表独立意见,并单独予以披露。

第二十一条 上市公司进行重大资产重组,应当由董事会依法做出决议,并提交股东大会批准。上市公司董事会应当就重大资产重组是否构成关联交易作出明确判断,并作为董事会决议事项予以披露。上市公司独立董事应当在充分了解相关信息的基础上,就重大资产重组发表独立意见。重大资产重组构成关联交易的,独立董事可以另行聘请独立财务顾问就本次交易对上市公司非关联股东的影响发表意见。上市公司应当积极配合独立董事调阅相关材料,并通过安排实地调查、组织证券服务机构汇报等方式,为独立董事履行职责提供必要的支持和便利。

第二十二条 上市公司应当在董事会作出重大资产重组决议后的次一工作日至少披露下列文件:

(一)董事会决议及独立董事的意见。

(二)上市公司重大资产重组预案。本次重组的重大资产重组报告书、独立财务顾问报告、法律意见书以及重组涉及的审计报告、资产评估报告或者估值报告至迟应当与召开股东大会的通知同时公告。上市公司自愿披露盈利预测报告的,该报告应当经具有相关证券业务资格的会计师事务所审核,与重大资产重组报告书同时公告。

本条第一款第(二)项及第二款规定的信息披露文件的内容与格式另行规定。上市公司只需选择一种中国证监会指定的报刊公告董事会决议、独立董事的意见,并应当在证券交易所网站全文披露重大资产重组报告书及其摘要、相关证券服务机构的报告或者意见。

第二十三条 上市公司股东大会就重大资产重组作出的决议,至少应当包括下列事项:

(一)本次重大资产重组的方式、交易标的和交易对方;

(二)交易价格或者价格区间;

(三)定价方式或者定价依据;

(四)相关资产自定价基准日至交割日期间损益的归属;

(五)相关资产办理权属转移的合同义务和违约责任;

(六)决议的有效期;

(七)对董事会办理本次重大资产重组事宜的具体授权;

(八)其他需要明确的事项。

第二十四条 上市公司股东大会就重大资产重组事项作出决议,必须经出席会议的股东所持表决权的2/3以上通过。上市公司重大资产重组事宜与本公司股东或者其关联人存在关联关系的,股东大会就重大资产重组事项进行表决时,关联股东应当回避表决。交易对方已经与上市公司控股股东就受让上市公司股权或者向上市公司推荐董事达成协议或者默契,可能导致上市公司的实际控制权发生变化的,上市公司控股股东及其关联人应当回避表决。

上市公司就重大资产重组事宜召开股东大会,应当以现场会议形式召开,并应当提供网络投票和其他合法方式为股东参加股东大会提供便利。除上市公司的董事、监事、高级管理人员、单独或者合计持有上市公司5%以上股份的股东以外,其他股东的投票情况应当单独统计并予以披露。

第二十五条 上市公司应当在股东大会作出重大资产重组决议后的次一工作日公告该决议,以及律师事务所对本次会议的召集程序、召集人和出席人员的资格、表决程序以及表决结果等事项出具的法律意见书。

属于本办法第十三条规定的交易情形的,上市公司还应当按照中国证监会的规定委托独立财务顾问在作出决议后3个工作日内向中国证监会提出申请。

第二十六条 上市公司全体董事、监事、高级管理人员应当公开承诺,保证重大资产重组的信息披露和申请文件不存在虚假记载、误导性陈述或者重大遗漏。

重大资产重组的交易对方应当公开承诺,将及时向上市公司提供本次重组相关信息,并保证所提供的信息真实、准确、完整,如因提供的信息存在虚假记载、误导性陈述或者重大遗漏,给上市公司或者投资者造成损失的,将依法承担赔偿责任。

前二款规定的单位和个人还应当公开承诺,如本次交易因涉嫌所提供或者披露的信息存在虚假记载、误导性陈述或者重大遗漏,被司法机关立案侦查或者被中国证监会立案调查的,在案件调查结论明确之前,将暂停转让其在该上市公司拥有权益的股份。

第二十七条 中国证监会依照法定条件和程序,对上市公司属于本办法第十三条规定情形的交易申请作出予以核准或者不予核准的决定。

中国证监会在审核期间提出反馈意见要求上市公司作出书面解释、说明的,上市公司应当自收到反馈意见之日起30日内提供书面回复意见,独立财务顾问应当配合上市公司提供书面回复意见。逾期未提供的,上市公司应当在到期日的次日就本次交易的进展情况及未能及时提供回复意见的具体原因等予以公告。

第二十八条 股东大会作出重大资产重组的决议后,上市公司拟对交易对象、交易标的、交易价格等作出变更,构成对原交易方案重大调整的,应当在董事会表决通过后重新提交股东大会审议,并及时公告相关文件。

中国证监会审核期间,上市公司按照前款规定对原交易方案作出重大调整的,还应当按照本办法的规定向中国证监会重新提出申请,同时公告相关文件。

中国证监会审核期间,上市公司董事会决议撤回申请的,应当说明原因,予以公告;上市公司董事会决议终止本次交易的,还应当按照公司章程的规定提交股东大会审议。

第二十九条 上市公司重大资产重组属于本办法第十三条规定的交易情形的,应当提交并购重组委审核。

第三十条 上市公司在收到中国证监会关于召开并购重组委工作会议审核其申请的通知后,应当立即予以公告,并申请办理并购重组委工作会议期间直至其表决结果披露前的停牌事宜。

上市公司收到并购重组委关于其申请的表决结果的通知后,应当在次一工作日公告表决结果并申请复牌。公告应当说明,公司在收到中国证监会作出的予以核准或者不予核准的决定后将再行公告。

第三十一条 上市公司收到中国证监会就其申请作出的予以核准或者不予核准的决定后,应当在次一工作日予以公告。

中国证监会予以核准的,上市公司应当在公告核准决定的同时,按照相关信息披露准则的规定补充披露相关文件。

第三十二条 上市公司重大资产重组完成相关批准程序后,应当及时实施重组方案,并于实施完毕之日起3个工作日内编制实施情况报告书,向证券交易所提交书面报告,并予以公告。

上市公司聘请的独立财务顾问和律师事务所应当对重大资产重组的实施过程、资产过户事宜和相关后续事项的合规性及风险进行核查,发表明确的结论性意见。独立财务顾问和律师事务所出具的意见应当与实施情况报告书同时报告、公告。

第三十三条 自完成相关批准程序之日起60日内,本次重大资产重组未实施完毕的,上市公司应当于期满后次一工作日将实施进展情况报告,并予以公告;此后每

30日应当公告一次,直至实施完毕。属于本办法第十三条、第四十四条规定的交易情形的,自收到中国证监会核准文件之日起超过12个月未实施完毕的,核准文件失效。

第三十四条 上市公司在实施重大资产重组的过程中,发生法律、法规要求披露的重大事项的,应当及时作出公告;该事项导致本次交易发生实质性变动的,须重新提交股东大会审议,属于本办法第十三条规定的交易情形的,还须重新报经中国证监会核准。

第三十五条 采取收益现值法、假设开发法等基于未来收益预期的方法对拟购买资产进行评估或者估值并作为定价参考依据的,上市公司应当在重大资产重组实施完毕后3年内的年度报告中单独披露相关资产的实际盈利数与利润预测数的差异情况,并由会计师事务所对此出具专项审核意见;交易对方应当与上市公司就相关资产实际盈利数不足利润预测数的情况签订明确可行的补偿协议。

预计本次重大资产重组将摊薄上市公司当年每股收益的,上市公司应当提出填补每股收益的具体措施,并将相关议案提交董事会和股东大会进行表决。负责落实该等具体措施的相关责任主体应当公开承诺,保证切实履行其义务和责任。

上市公司向控股股东、实际控制人或者其控制的关联人之外的特定对象购买资产且未导致控制权发生变更的,不适用本条前二款规定,上市公司与交易对方可以根据市场化原则,自主协商是否采取业绩补偿和每股收益填补措施及相关具体安排。

第三十六条 上市公司重大资产重组发生下列情形的,独立财务顾问应当及时出具核查意见,并予以公告:

(一)上市公司完成相关批准程序前,对交易对象、交易标的、交易价格等作出变更,构成对原重组方案重大调整,或者因发生重大事项导致原重组方案发生实质性变动的;

(二)上市公司完成相关批准程序后,在实施重组过程中发生重大事项,导致原重组方案发生实质性变动的。

第三十七条 独立财务顾问应当按照中国证监会的相关规定,对实施重大资产重组的上市公司履行持续督导职责。持续督导的期限自本次重大资产重组实施完毕之日起,应当不少于一个会计年度。实施本办法第十三条规定的重大资产重组,持续督导的期限自中国证监会核准本次重大资产重组之日起,应当不少于3个会计年度。

第三十八条 独立财务顾问应当结合上市公司重大资产重组当年和实施完毕后的第一个会计年度的年报,自年报披露之日起15日内,对重大资产重组实施的下列事项出具持续督导意见,并予以公告:

(一)交易资产的交付或者过户情况;

(二)交易各方当事人承诺的履行情况;

(三)已公告的盈利预测或者利润预测的实现情况;

(四)管理层讨论与分析部分提及的各项业务的发展现状;

(五)公司治理结构与运行情况;

(六)与已公布的重组方案存在差异的其他事项。

独立财务顾问还应当结合本办法第十三条规定的重大资产重组实施完毕后的第二、三个会计年度的年报,自年报披露之日起15日内,对前款第(二)至(六)项事项出具持续督导意见,并予以公告。

第四章 重大资产重组的信息管理

第三十九条 上市公司筹划、实施重大资产重组,相关信息披露义务人应当公平地向所有投资者披露可能对上市公司股票交易价格产生较大影响的相关信息(以下简称股价敏感信息),不得有选择性地向特定对象提前泄露。

第四十条 上市公司的股东、实际控制人以及参与重大资产重组筹划、论证、决策等环节的其他相关机构和人员,应当及时、准确地向上市公司通报有关信息,并配合上市公司及时、准确、完整地进行披露。上市公司获悉股价敏感信息的,应当及时向证券交易所申请停牌并披露。

第四十一条　上市公司及其董事、监事、高级管理人员,重大资产重组的交易对方及其关联方,交易对方及其关联方的董事、监事、高级管理人员或者主要负责人,交易各方聘请的证券服务机构及其从业人员,参与重大资产重组筹划、论证、决策、审批等环节的相关机构和人员,以及因直系亲属关系、提供服务和业务往来等知悉或者可能知悉股价敏感信息的其他相关机构和人员,在重大资产重组的股价敏感信息依法披露前负有保密义务,禁止利用该信息进行内幕交易。

第四十二条　上市公司筹划重大资产重组事项,应当详细记载筹划过程中每一具体环节的进展情况,包括商议相关方案、形成相关意向、签署相关协议或者意向书的具体时间、地点、参与机构和人员、商议和决议内容等,制作书面的交易进程备忘录并予以妥当保存。参与每一具体环节的所有人员应当即时在备忘录上签名确认。

上市公司预计筹划中的重大资产重组事项难以保密或者已经泄露的,应当及时向证券交易所申请停牌,直至真实、准确、完整地披露相关信息。停牌期间,上市公司应当至少每周发布一次事件进展情况公告。

上市公司股票交易价格因重大资产重组的市场传闻发生异常波动时,上市公司应当及时向证券交易所申请停牌,核实有无影响上市公司股票交易价格的重组事项并予以澄清,不得以相关事项存在不确定性为由不履行信息披露义务。

第五章　发行股份购买资产

第四十三条　上市公司发行股份购买资产,应当符合下列规定:

(一)充分说明并披露本次交易有利于提高上市公司资产质量、改善财务状况和增强持续盈利能力,有利于上市公司减少关联交易、避免同业竞争、增强独立性。

（二）上市公司最近一年及一期财务会计报告被注册会计师出具无保留意见审计报告；被出具保留意见、否定意见或者无法表示意见的审计报告的，须经注册会计师专项核查确认，该保留意见、否定意见或者无法表示意见所涉及事项的重大影响已经消除或者将通过本次交易予以消除。

（三）上市公司及其现任董事、高级管理人员不存在因涉嫌犯罪正被司法机关立案侦查或涉嫌违法违规正被中国证监会立案调查的情形，但是，涉嫌犯罪或违法违规的行为已经终止满3年，交易方案有助于消除该行为可能造成的不良后果，且不影响对相关行为人追究责任的除外。

（四）充分说明并披露上市公司发行股份所购买的资产为权属清晰的经营性资产，并能在约定期限内办理完毕权属转移手续。

（五）中国证监会规定的其他条件。

上市公司为促进行业的整合、转型升级，在其控制权不发生变更的情况下，可以向控股股东、实际控制人或者其控制的关联人之外的特定对象发行股份购买资产。所购买资产与现有主营业务没有显著协同效应的，应当充分说明并披露本次交易后的经营发展战略和业务管理模式，以及业务转型升级可能面临的风险和应对措施。

特定对象以现金或者资产认购上市公司非公开发行的股份后，上市公司用同一次非公开发行所募集的资金向该特定对象购买资产的，视同上市公司发行股份购买资产。

第四十四条 上市公司发行股份购买资产的，可以同时募集部分配套资金，其定价方式按照现行相关规定办理。

上市公司发行股份购买资产应当遵守本办法关于重大资产重组的规定，编制发行股份购买资产预案、发行股份购买资产报告书，并向中国证监会提出申请。

第四十五条 上市公司发行股份的价格不得低于市场参考价的90%。市场参考价为本次发行股份购买资产的董事会决议公告日前20个交易日、60个交易日或者120个交易日的公司股票交易均价之一。本次发行股份购买资产的董事会决议应当说明市场参考价的选择依据。前款所称交易均价的计算公式为：董事会决议公告日前若干个交易日公司股票交易均价＝决议公告日前若干个交易日公司股票交易总额/决议公告日前若干个交易日公司股票交易总量。本次发行股份购买资产的董事会决议可以明确，在中国证监会核准前，上市公司的股票价格相比最初确定的发行价格发生重大变化的，董事会可以按照已经设定的调整方案对发行价格进行一次调整。

前款规定的发行价格调整方案应当明确、具体、可操作，详细说明是否相应调整拟购买资产的定价、发行股份数量及其理由，在首次董事会决议公告时充分披露，并按照规定提交股东大会审议。股东大会作出决议后，董事会按照已经设定的方案调整发行价格的，上市公司无需按照本办法第二十八条的规定向中国证监会重新提出申请。

第四十六条　特定对象以资产认购而取得的上市公司股份，自股份发行结束之日起12个月内不得转让；属于下列情形之一的，36个月内不得转让：

（一）特定对象为上市公司控股股东、实际控制人或者其控制的关联人；

（二）特定对象通过认购本次发行的股份取得上市公司的实际控制权；

（三）特定对象取得本次发行的股份时，对其用于认购股份的资产持续拥有权益的时间不足12个月。

属于本办法第十三条第一款规定的交易情形的，上市公司原控股股东、原实际控制人及其控制的关联人，以及在交易过程中从该等主体直接或间接受让该上市公司股份的特定对象应当公开承诺，在本次交易完成后36个月内不转让其在该上市公司中拥有权益的股份；除收购人及其关联人以外的特定对象应当公开承诺，其以资产认购而取得的上市公司股份自股份发行结束之日起24个月内不得转让。

第四十七条 上市公司申请发行股份购买资产,应当提交并购重组委审核。

第四十八条 上市公司发行股份购买资产导致特定对象持有或者控制的股份达到法定比例的,应当按照《上市公司收购管理办法》(证监会令第108号)的规定履行相关义务。

上市公司向控股股东、实际控制人或者其控制的关联人发行股份购买资产,或者发行股份购买资产将导致上市公司实际控制权发生变更的,认购股份的特定对象应当在发行股份购买资产报告书中公开承诺:本次交易完成后6个月内如上市公司股票连续20个交易日的收盘价低于发行价,或者交易完成后6个月期末收盘价低于发行价的,其持有公司股票的锁定期自动延长至少6个月。前款规定的特定对象还应当在发行股份购买资产报告书中公开承诺:如本次交易因涉嫌所提供或披露的信息存在虚假记载、误导性陈述或者重大遗漏,被司法机关立案侦查或者被中国证监会立案调查的,在案件调查结论明确以前,不转让其在该上市公司拥有权益的股份。

第四十九条 中国证监会核准上市公司发行股份购买资产的申请后,上市公司应当及时实施。向特定对象购买的相关资产过户至上市公司后,上市公司聘请的独立财务顾问和律师事务所应当对资产过户事宜和相关后续事项的合规性及风险进行核查,并发表明确意见。上市公司应当在相关资产过户完成后3个工作日内就过户情况作出公告,公告中应当包括独立财务顾问和律师事务所的结论性意见。

上市公司完成前款规定的公告、报告后,可以到证券交易所、证券登记结算公司为认购股份的特定对象申请办理证券登记手续。

第五十条 换股吸收合并涉及上市公司的,上市公司的股份定价及发行按照本章规定执行。上市公司发行优先股用于购买资产或者与其他公司合并,中国证监会另有规定的,从其规定。上市公司可以向特定对象发行可转换为股票的公司债券、定向权证用于购买资产或者与其他公司合并。

第六章　重大资产重组后申请发行新股或者公司债券

第五十一条　经中国证监会审核后获得核准的重大资产重组实施完毕后，上市公司申请公开发行新股或者公司债券，同时符合下列条件的，本次重大资产重组前的业绩在审核时可以模拟计算：

（一）进入上市公司的资产是完整经营实体；

（二）本次重大资产重组实施完毕后，重组方的承诺事项已经如期履行，上市公司经营稳定、运行良好；

（三）本次重大资产重组实施完毕后，上市公司和相关资产实现的利润达到盈利预测水平。

上市公司在本次重大资产重组前不符合中国证监会规定的公开发行证券条件，或者本次重组导致上市公司实际控制人发生变化的，上市公司申请公开发行新股或者公司债券，距本次重组交易完成的时间应当不少于一个完整会计年度。

第五十二条　本办法所称完整经营实体，应当符合下列条件：

（一）经营业务和经营资产独立、完整，且在最近两年未发生重大变化；

（二）在进入上市公司前已在同一实际控制人之下持续经营两年以上；

（三）在进入上市公司之前实行独立核算，或者虽未独立核算，但与其经营业务相关的收入、费用在会计核算上能够清晰划分；

（四）上市公司与该经营实体的主要高级管理人员签订聘用合同或者采取其他方式，就该经营实体在交易完成后的持续经营和管理作出恰当安排。

第七章　监督管理和法律责任

第五十三条　未依照本办法的规定履行相关义务或者程序，擅自实施重大资产重组的，由中国证监会责令改正，并可以采取监管谈话、出具警示函等监管措施；情节严重的，可以责令暂停或者终止重组活动，处以警告、罚款，并可以对有关责任人员采取市场禁入的措施。未经中国证监会核准擅自实施本办法第十三条第一款规定的重大资产重组，交易尚未完成的，中国证监会责令上市公司补充披露相关信息、暂停交易并按照本办法第十三条的规定报送申请文件；交易已经完成的，可以处以警告、罚款，并对有关责任人员采取市场禁入的措施。构成犯罪的，依法移送司法机关。

上市公司重大资产重组因定价显失公允、不正当利益输送等问题损害上市公司、投资者合法权益的，由中国证监会责令改正，并可以采取监管谈话、出具警示函等监管措施；情节严重的，可以责令暂停或者终止重组活动，处以警告、罚款，并可以对有关责任人员采取市场禁入的措施。

第五十四条 上市公司或者其他信息披露义务人未按照本办法规定报送重大资产重组有关报告，或者报送的报告有虚假记载、误导性陈述或者重大遗漏的，由中国证监会责令改正，依照《证券法》第一百九十三条予以处罚；情节严重的，可以责令暂停或者终止重组活动，并可以对有关责任人员采取市场禁入的措施；涉嫌犯罪的，依法移送司法机关追究刑事责任。

第五十五条 上市公司或者其他信息披露义务人未按照规定披露重大资产重组信息，或者所披露的信息存在虚假记载、误导性陈述或者重大遗漏的，由中国证监会责令改正，依照《证券法》第一百九十三条规定予以处罚；情节严重的，可以责令暂停或者终止重组活动，并可以对有关责任人员采取市场禁入的措施；涉嫌犯罪的，依法移送司法机关追究刑事责任。重大资产重组或者发行股份购买资产的交易对方未及时向上市公司或者其他信息披露义务人提供信息，或者提供的信息有虚假记载、误导性陈述或者重大遗漏的，按照前款规定执行。

第五十六条 重大资产重组涉嫌本办法第五十三条、第五十四条、第五十五条规定情形的，中国证监会可以责令上市公司作出公开说明、聘请独立财务顾问或者其他证券服务机构补充核查并披露专业意见，在公开说明、披露专业意见之前，上市公司应当暂停重组；上市公司涉嫌前述情形被司法机关立案侦查或者被中国证监会立案调查的，在案件调查结论明确之前应当暂停重组。

涉嫌本办法第五十四条、第五十五条规定情形，被司法机关立案侦查或者被中国证监会立案调查的，有关单位和个人应当严格遵守其所作的公开承诺，在案件调查结论明确之前，不得转让其在该上市公司拥有权益的股份。

第五十七条　上市公司董事、监事和高级管理人员未履行诚实守信、勤勉尽责义务，或者上市公司的股东、实际控制人及其有关负责人员未按照本办法的规定履行相关义务，导致重组方案损害上市公司利益的，由中国证监会责令改正，并可以采取监管谈话、出具警示函等监管措施；情节严重的，处以警告、罚款，并可以对有关人员采取认定为不适当人选、市场禁入的措施；涉嫌犯罪的，依法移送司法机关追究刑事责任。

第五十八条　为重大资产重组出具财务顾问报告、审计报告、法律意见、资产评估报告、估值报告及其他专业文件的证券服务机构及其从业人员未履行诚实守信、勤勉尽责义务，违反行业规范、业务规则，或者未依法履行报告和公告义务、持续督导义务的，由中国证监会责令改正，并可以采取监管谈话、出具警示函、责令公开说明、责令参加培训、责令定期报告、认定为不适当人选等监管措施；情节严重的，依照《证券法》第二百二十六条予以处罚。前款规定的证券服务机构及其从业人员所制作、出具的文件存在虚假记载、误导性陈述或者重大遗漏的，由中国证监会责令改正，依照《证券法》第二百二十三条予以处罚；情节严重的，可以采取市场禁入的措施；涉嫌犯罪的，依法移送司法机关追究刑事责任。存在前二款规定情形的，在按照中国证监会的要求完成整改之前，不得接受新的上市公司并购重组业务。

第五十九条　重大资产重组实施完毕后，凡因不属于上市公司管理层事前无法获知且事后无法控制的原因，上市公司所购买资产实现的利润未达到资产评估报告或者估值报告预测金额的80%,或者实际运营情况与重大资产重组报告书中管理层讨论与分析部分存在较大差距的,上市公司的董事长、总经理以及对此承担相应责任的会计师事务所、财务顾问、资产评估机构、估值机构及其从业人员应当在上市公司披露年度报告的同时,在同一报刊上做出解释,并向投资者公开道歉;实现利润未达到预测金额50%的,中国证监会可以对上市公司、相关机构及其责任人员采取监管谈话、出具警示函、责令定期报告等监管措施。交易对方超期未履行或者违反业绩补偿协议、承诺的,由中国证监会责令改正,并可以采取监管谈话、出具警示函、责令公开说明、认定为不适当人选等监管措施,将相关情况记入诚信档案。

第六十条　任何知悉重大资产重组信息的人员在相关信息依法公开前,泄露该信息、买卖或者建议他人买卖相关上市公司证券、利用重大资产重组散布虚假信息、操纵证券市场或者进行欺诈活动的,中国证监会依照《证券法》第二百零二条、第二百零三条、第二百零七条予以处罚;涉嫌犯罪的,依法移送司法机关追究刑事责任。

第八章　附则

第六十一条　中国证监会对科创板上市公司重大资产重组另有规定的,从其规定。

第六十二条　本办法自2014年11月23日起施行。2008年4月16日发布并于2011年8月1日修改的《上市公司重大资产重组管理办法》(证监会令第73号)、2008年11月11日发布的《关于破产重整上市公司重大资产重组股份发行定价的补充规定》(证监会公告〔2008〕44号)同时废止。

关于进一步明确规范金融机构资产管理产品投资创业投资基金和政府出资产业投资基金有关事项的通知

(发改财金规〔2019〕1638号)

各省、自治区、直辖市及计划单列市发展改革委、财政厅(局)、中国人民银行上海总部,各分行、营业管理部、省会(首府)城市中心支行、副省级城市中心支行,各银保监局,各证监局,外汇局各省、自治区、直辖市分局、外汇管理部,深圳、大连、青岛、厦门、宁波市分局,各有关市场机构:

创业投资基金和政府出资产业投资基金(以下简称两类基金)是实现技术、资本、人才、管理等创新要素与实体经济有效结合的投融资方式,是推动经济高质量发展的重要资本力量,对于保持补短板力度,持续激发民间投资活力意义重大。根据《国务院关于促进创业投资持续健康发展的指导意见》(国发〔2016〕53号)、《国务院办公厅关于保持基础设施领域补短板力度的指导意见》(国办发〔2018〕101号)等文件精神,为进一步落实《关于规范金融机构资产管理业务的指导意见》(银发〔2018〕106号,以下简称《指导意见》)中关于两类基金有关规定另行制定的要求,现就《指导意见》中金融机构资产管理产品投资两类基金有关事项进一步明确如下。

一、本通知所称创业投资基金,是指向处于创建或重建过程中的未上市成长性创业企业进行股权投资,以期所投资创业企业发育成熟或相对成熟后,主要通过股权转让获取资本增值收益的股权投资基金。适用本通知的创业投资基金应同时满足以下条件:

(一)符合《创业投资企业管理暂行办法》(发展改革委2005年第39号令)或者《私募投资基金监督管理暂行办法》(证监会2014年第105号令)关于创业投资基金的有关规定,并按要求完成备案;

(二)基金投向符合产业政策、投资政策等国家宏观管理政策;

(三)基金投资范围限于未上市企业,但所投资企业上市后基金所持股份的未转让及其配售部分除外;

(四)基金运作不涉及债权融资,但依法发行债券提高投资能力的除外;

(五)基金存续期限不短于7年;对基金份额不得进行结构化安排,但政府出资设立的创业投资引导基金作为优先级的除外;

(六)基金名称体现"创业投资"字样或基金合同和基金招募说明书中体现"创业投资"策略。

二、本通知所称政府出资产业投资基金,是指包含政府出资,主要投资于非公开交易企业股权的股权投资基金和创业投资基金。适用本通知的政府出资产业投资基金应同时满足以下条件:

(一)中央、省级或计划单列市人民政府(含所属部门、直属机构)批复设立,且批复文件或其他文件中明确了政府出资的;政府认缴出资比例不低于基金总规模的10%,其中,党中央、国务院批准设立的,政府认缴出资比例不低于基金总规模的5%;

(二)符合《政府出资产业投资基金管理暂行办法》(发改财金规〔2016〕2800号)和《政府投资基金暂行管理办法》(财预〔2015〕210号)有关规定;

(三)基金投向符合产业政策、投资政策等国家宏观管理政策;

(四)基金运作不涉及新增地方政府隐性债务。

三、《指导意见》出台前,金融机构已与符合本通知规定要求的两类基金签订的认缴协议继续有效。

四、对于《指导意见》出台前已签订认缴协议且符合本通知规定要求的两类基金,过渡期内,金融机构可以发行老产品出资,但应当控制在存量产品整体规模内,并有序压缩递减,防止过渡期结束时出现断崖效应;过渡期结束仍未到期的,经金融监管部门同意,采取适当安排妥善处理。除党中央、国务院另有规定外,《指导意见》出台后新签订认缴协议的两类基金,涉及金融机构发行资产管理产品出资的,应严格按照《指导意见》有关规定执行。

五、过渡期内,对于投资方向限定于符合本通知规定要求的两类基金的资产管理产品,其管理机构应当加强投资者适当性管理,在向投资者充分披露并提示产品投资性质和投资风险的前提下,可以将该产品整体视为合格投资者,不合并计算该产品的投资者人数。对金融机构未充分履行告知义务的,金融监管部门依法依规从严从重处罚。

六、符合本通知规定要求的两类基金接受资产管理产品及其他私募投资基金投资时,该两类基金不视为一层资产管理产品。

七、各部门按照职责分工,对符合本通知规定要求的两类基金和金融机构执行本通知的情况加强监管,强化监管协调。两类基金应在接受金融机构发行老产品出资后15个工作日内,将金融机构出资及证明该基金符合本通知规定要求的相关材料报发展改革委,发展改革委及时将相关材料与财政部、人民银行、银保监会、证监会、外汇局共享。发展改革、财政、证监部门对两类基金日常监管中发现金融机构发行老产品违规投资于不符合本通知规定要求的两类基金的,应及时通知金融管理部门。金融管理部门按照有关法律法规、规章和《指导意见》规定,采取适当监管措施或视情节对金融机构做出行政处罚。

国家发展改革委

中国人民银行

财 政 部

银 保 监 会

证 监 会

外 汇 局

2019 年 10 月 19 日

全国法院民商事审判工作会议纪要

目 录

引言

一、关于民法总则适用的法律衔接

二、关于公司纠纷案件的审理

三、关于合同纠纷案件的审理

四、关于担保纠纷案件的审理

五、关于金融消费者权益保护纠纷案件的审理

六、关于证券纠纷案件的审理

七、关于营业信托纠纷案件的审理

八、关于财产保险合同纠纷案件的审理

九、关于票据纠纷案件的审理

十、关于破产纠纷案件的审理

十一、关于案外人救济案件的审理

十二、关于民刑交叉案件的程序处理

引 言

为全面贯彻党的十九大和十九届二中、三中全会以及中央经济工作会议、中央政法工作会议、全国金融工作会议精神,研究当前形势下如何进一步加强人民法院民商事审判工作,着力提升民商事审判工作能力和水平,为我国经济高质量发展提供更加有力的司法服务和保障,最高人民法院于2019年7月3日至4日在黑龙江省哈尔滨市召开了全国法院民商事审判工作会议。最高人民法院党组书记、院长周强同志出席会议并讲话。各省、自治区、直辖市高级人民法院分管民商事审判工作的副院长、

承担民商事案件审判任务的审判庭庭长、解放军军事法院的代表、最高人民法院有关部门负责人在主会场出席会议，地方各级人民法院的其他负责同志和民商事审判法官在各地分会场通过视频参加会议。中央政法委、全国人大常委会法工委的代表、部分全国人大代表、全国政协委员、最高人民法院特约监督员、专家学者应邀参加会议。

会议认为，民商事审判工作必须坚持正确的政治方向，必须以习近平新时代中国特色社会主义思想武装头脑、指导实践、推动工作。一要坚持党的绝对领导。这是中国特色社会主义司法制度的本质特征和根本要求，是人民法院永远不变的根和魂。在民商事审判工作中，要切实增强"四个意识"、坚定"四个自信"、做到"两个维护"，坚定不移走中国特色社会主义法治道路。二要坚持服务党和国家大局。认清形势，高度关注中国特色社会主义进入新时代背景下经济社会的重大变化、社会主要矛盾的历史性变化、各类风险隐患的多元多变，提高服务大局的自觉性、针对性，主动作为，勇于担当，处理好依法办案和服务大局的辩证关系，着眼于贯彻落实党中央的重大决策部署、维护人民群众的根本利益、维护法治的统一。三要坚持司法为民。牢固树立以人民为中心的发展思想，始终坚守人民立场，胸怀人民群众，满足人民需求，带着对人民群众的深厚感情和强烈责任感去做好民商事审判工作。在民商事审判工作中要弘扬社会主义核心价值观，注意情理法的交融平衡，做到以法为据、以理服人、以情感人，既要义正辞严讲清法理，又要循循善诱讲明事理，还要感同身受讲透情理，争取广大人民群众和社会的理解与支持。要建立健全方便人民群众诉讼的民商事审判工作机制。四要坚持公正司法。公平正义是中国特色社会主义制度的内在要求，也是我党治国理政的一贯主张。司法是维护社会公平正义的最后一道防线，必须把公平正义作为生命线，必须把公平正义作为镌刻在心中的价值坐标，必须把"努力让人民群众在每一个司法案件中感受到公平正义"作为矢志不渝的奋斗目标。

会议指出，民商事审判工作要树立正确的审判理念。注意辩证理解并准确把握契约自由、平等保护、诚实信用、公序良俗等民商事审判基本原则;注意树立请求权基础思维、逻辑和价值相一致思维、同案同判思维,通过检索类案、参考指导案例等方式统一裁判尺度,有效防止滥用自由裁量权;注意处理好民商事审判与行政监管的关系,通过穿透式审判思维,查明当事人的真实意思,探求真实法律关系;特别注意外观主义系民商法上的学理概括,并非现行法律规定的原则,现行法律只是规定了体现外观主义的具体规则,如《物权法》第106条规定的善意取得,《合同法》第49条、《民法总则》第172条规定的表见代理,《合同法》第50条规定的越权代表,审判实务中应当依据有关具体法律规则进行判断,类推适用亦应当以法律规则设定的情形、条件为基础。从现行法律规则看,外观主义是为保护交易安全设置的例外规定,一般适用于因合理信赖权利外观或意思表示外观的交易行为。实际权利人与名义权利人的关系,应注重财产的实质归属,而不单纯地取决于公示外观。总之,审判实务中要准确把握外观主义的适用边界,避免泛化和滥用。

会议对当前民商事审判工作中的一些疑难法律问题取得了基本一致的看法,现纪要如下:

一、关于民法总则适用的法律衔接

会议认为,民法总则施行后至民法典施行前,拟编入民法典但尚未完成修订的物权法、合同法等民商事基本法,以及不编入民法典的公司法、证券法、信托法、保险法、票据法等民商事特别法,均可能存在与民法总则规定不一致的情形。人民法院应当依照《立法法》第92条、《民法总则》第11条等规定,综合考虑新的规定优于旧的规定、特别规定优于一般规定等法律适用规则,依法处理好民法总则与相关法律的衔接问题,主要是处理好与民法通则、合同法、公司法的关系。

1.【民法总则与民法通则的关系及其适用】民法通则既规定了民法的一些基本制

度和一般性规则,也规定了合同、所有权及其他财产权、知识产权、民事责任、涉外民事法律关系适用等具体内容。民法总则基本吸收了民法通则规定的基本制度和一般性规则,同时做了补充、完善和发展。民法通则规定的合同、所有权及其他财产权、民事责任等具体内容还需要在编撰民法典各分编时做进一步统筹,系统整合。因民法总则施行后暂不废止民法通则,在此之前,民法总则与民法通则规定不一致的,根据新的规定优于旧的规定的法律适用规则,适用民法总则的规定。最高人民法院已依据民法总则制定了关于诉讼时效问题的司法解释,而原依据民法通则制定的关于诉讼时效的司法解释,只要与民法总则不冲突,仍可适用。

2.【民法总则与合同法的关系及其适用】根据民法典编撰工作"两步走"的安排,民法总则施行后,目前正在进行民法典的合同编、物权编等各分编的编撰工作。民法典施行后,合同法不再保留。在这之前,因民法总则施行前成立的合同发生的纠纷,原则上适用合同法的有关规定处理。因民法总则施行后成立的合同发生的纠纷,如果合同法"总则"对此的规定与民法总则的规定不一致的,根据新的规定优于旧的规定的法律适用规则,适用民法总则的规定。例如,关于欺诈、胁迫问题,根据合同法的规定,只有合同当事人之间存在欺诈、胁迫行为的,被欺诈、胁迫一方才享有撤销合同的权利。而依民法总则的规定,第三人实施的欺诈、胁迫行为,被欺诈、胁迫一方也有撤销合同的权利。另外,合同法视欺诈、胁迫行为所损害利益的不同,对合同效力作出了不同规定:损害合同当事人利益的,属于可撤销或者可变更合同;损害国家利益的,则属于无效合同。民法总则则未加区别,规定一律按可撤销合同对待。再如,关于显失公平问题,合同法将显失公平与乘人之危作为两类不同的可撤销或者可变更合同事由,而民法总则则将二者合并为一类可撤销合同事由。

民法总则施行后发生的纠纷,在民法典施行前,如果合同法"分则"对此的规定与民法总则不一致的,根据特别规定优于一般规定的法律适用规则,适用合同法"分则"

的规定。例如,民法总则仅规定了显名代理,没有规定《合同法》第402条的隐名代理和第403条的间接代理。在民法典施行前,这两条规定应当继续适用。

3.【民法总则与公司法的关系及其适用】民法总则与公司法的关系,是一般法与商事特别法的关系。民法总则第三章"法人"第一节"一般规定"和第二节"营利法人"基本上是根据公司法的有关规定提炼的,二者的精神大体一致。因此,涉及民法总则这一部分的内容,规定一致的,适用民法总则或者公司法皆可;规定不一致的,根据《民法总则》第11条有关"其他法律对民事关系有特别规定的,依照其规定"的规定,原则上应当适用公司法的规定。但应当注意也有例外情况,主要表现在两个方面:一是就同一事项,民法总则制定时有意修正公司法有关条款的,应当适用民法总则的规定。例如,《公司法》第32条第3款规定:"公司应当将股东的姓名或者名称及其出资额向公司登记机关登记;登记事项发生变更的,应当办理变更登记。未经登记或者变更登记的,不得对抗第三人。"而《民法总则》第65条的规定则把"不得对抗第三人"修正为"不得对抗善意相对人"。经查询有关立法理由,可以认为,此种情况应当适用民法总则的规定。二是民法总则在公司法规定基础上增加了新内容的,如《公司法》第22条第2款就公司决议的撤销问题进行了规定,《民法总则》第85条在该条基础上增加规定:"但是营利法人依据该决议与善意相对人形成的民事法律关系不受影响。"此时,也应当适用民法总则的规定。

4.【民法总则的时间效力】根据"法不溯及既往"的原则,民法总则原则上没有溯及力,故只能适用于施行后发生的法律事实;民法总则施行前发生的法律事实,适用当时的法律;某一法律事实发生在民法总则施行前,其行为延续至民法总则施行后的,适用民法总则的规定。但要注意有例外情形,如虽然法律事实发生在民法总则施行前,但当时的法律对此没有规定而民法总则有规定的,例如,对于虚伪意思表示、第三人实施欺诈行为,合同法均无规定,发生纠纷后,基于"法官不得拒绝裁判"规则,可以将民法总则的相关规定作为裁判依据。又如,民法总则施行前成立的合同,根据当时的法律应当认定无效,而根据民法总则应当认定有效或者可撤销的,应当适用民法总则的规定。

在民法总则无溯及力的场合,人民法院应当依据法律事实发生时的法律进行裁判,但如果法律事实发生时的法律虽有规定,但内容不具体、不明确的,如关于无权代理在被代理人不予追认时的法律后果,民法通则和合同法均规定由行为人承担民事责任,但对民事责任的性质和方式没有规定,而民法总则对此有明确且详细的规定,人民法院在审理案件时,就可以在裁判文书的说理部分将民法总则规定的内容作为解释法律事实发生时法律规定的参考。

二、关于公司纠纷案件的审理

会议认为,审理好公司纠纷案件,对于保护交易安全和投资安全,激发经济活力,增强投资创业信心,具有重要意义。要依法协调好公司债权人、股东、公司等各种利益主体之间的关系,处理好公司外部与内部的关系,解决好公司自治与司法介入的关系。

(一)关于"对赌协议"的效力及履行

实践中俗称的"对赌协议",又称估值调整协议,是指投资方与融资方在达成股权性融资协议时,为解决交易双方对目标公司未来发展的不确定性、信息不对称以及代理成本而设计的包含了股权回购、金钱补偿等对未来目标公司的估值进行调整的协议。从订立"对赌协议"的主体来看,有投资方与目标公司的股东或者实际控制人"对赌"、投资方与目标公司"对赌"、投资方与目标公司的股东、目标公司"对赌"等形式。人民法院在审理"对赌协议"纠纷案件时,不仅应当适用合同法的相关规定,还应当适用公司法的相关规定;既要坚持鼓励投资方对实体企业特别是科技创新企业投资原则,从而在一定程度上缓解企业融资难问题,又要贯彻资本维持原则和保护债权人合法权益原则,依法平衡投资方、公司债权人、公司之间的利益。对于投资方与目标公司的股东或者实际控制人订立的"对赌协议",如无其他无效事由,认定有效并支持实际履行,实践中并无争议。但投资方与目标公司订立的"对赌协议"是否有效以及能否实际履行,存在争议。对此,应当把握如下处理规则:

5.【与目标公司"对赌"】投资方与目标公司订立的"对赌协议"在不存在法定无效事由的情况下,目标公司仅以存在股权回购或者金钱补偿约定为由,主张"对赌协议"无效的,人民法院不予支持,但投资方主张实际履行的,人民法院应当审查是否符合公司法关于"股东不得抽逃出资"及股份回购的强制性规定,判决是否支持其诉讼请求。

投资方请求目标公司回购股权的,人民法院应当依据《公司法》第35条关于"股东不得抽逃出资"或者第142条关于股份回购的强制性规定进行审查。经审查,目标公司未完成减资程序的,人民法院应当驳回其诉讼请求。

投资方请求目标公司承担金钱补偿义务的,人民法院应当依据《公司法》第35条关于"股东不得抽逃出资"和第166条关于利润分配的强制性规定进行审查。经审查,目标公司没有利润或者虽有利润但不足以补偿投资方的,人民法院应当驳回或者部分支持其诉讼请求。今后目标公司有利润时,投资方还可以依据该事实另行提起诉讼。

(二)关于股东出资加速到期及表决权

6.【股东出资应否加速到期】在注册资本认缴制下,股东依法享有期限利益。债权人以公司不能清偿到期债务为由,请求未届出资期限的股东在未出资范围内对公司不能清偿的债务承担补充赔偿责任的,人民法院不予支持。但是,下列情形除外:

(1)公司作为被执行人的案件,人民法院穷尽执行措施无财产可供执行,已具备

破产原因,但不申请破产的;

(2)在公司债务产生后,公司股东(大)会决议或以其他方式延长股东出资期限的。

7.【表决权能否受限】股东认缴的出资未届履行期限,对未缴纳部分的出资是否享有以及如何行使表决权等问题,应当根据公司章程来确定。公司章程没有规定的,应当按照认缴出资的比例确定。如果股东(大)会作出不按认缴出资比例而按实际出资比例或者其他标准确定表决权的决议,股东请求确认决议无效的,人民法院应当审查该决议是否符合修改公司章程所要求的表决程序,即必须经代表三分之二以上表决权的股东通过。符合的,人民法院不予支持;反之,则依法予以支持。

(三)关于股权转让

8.【有限责任公司的股权变动】当事人之间转让有限责任公司股权,受让人以其姓名或者名称已记载于股东名册为由主张其已经取得股权的,人民法院依法予以支持,但法律、行政法规规定应当办理批准手续生效的股权转让除外。未向公司登记机关办理股权变更登记的,不得对抗善意相对人。

9.【侵犯优先购买权的股权转让合同的效力】审判实践中,部分人民法院对公司法司法解释(四)第21条规定的理解存在偏差,往往以保护其他股东的优先购买权为由认定股权转让合同无效。准确理解该条规定,既要注意保护其他股东的优先购买权,也要注意保护股东以外的股权受让人的合法权益,正确认定有限责任公司的股东与股东以外的股权受让人订立的股权转让合同的效力。一方面,其他股东依法享有优先购买权,在其主张按照股权转让合同约定的同等条件购买股权的情况下,应当支持其诉讼请求,除非出现该条第1款规定的情形。另一方面,为保护股东以外的股权受让人的合法权益,股权转让合同如无其他影响合同效力的事由,应当认定有效。其他股东行使优先购买权的,虽然股东以外的股权受让人关于继续履行股权转让合同的请求不能得到支持,但不影响其依约请求转让股东承担相应的违约责任。

(四)关于公司人格否认

公司人格独立和股东有限责任是公司法的基本原则。否认公司独立人格,由滥用公司法人独立地位和股东有限责任的股东对公司债务承担连带责任,是股东有限责任的例外情形,旨在矫正有限责任制度在特定法律事实发生时对债权人保护的失衡现象。在审判实践中,要准确把握《公司法》第20条第3款规定的精神。一是只有在股东实施了滥用公司法人独立地位及股东有限责任的行为,且该行为严重损害了公司债权人利益的情况下,才能适用。损害债权人利益,主要是指股东滥用权利使公司财产不足以清偿公司债权人的债权。二是只有实施了滥用法人独立地位和股东有限责任行为的股东才对公司债务承担连带清偿责任,而其他股东不应承担此责任。三是公司人格否认不是全面、彻底、永久地否定公司的法人资格,而只是在具体案件中依据特定的法律事实、法律关系,突破股东对公司债务不承担责任的一般规则,例外地判令其承担连带责任。人民法院在个案中否认公司人格的判决的既判力仅仅约束该诉讼的各方当事人,不当然适用于涉及该公司的其他诉讼,不影响公司独立法人资格的存续。如果其他债权人提起公司人格否认诉讼,已生效判决认定的事实可以作为证据使用。四是《公司法》第20条第3款规定的滥用行为,实践中常见的情形有人格混同、过度支配与控制、资本显著不足等。在审理案件时,需要根据查明的案件事实进行综合判断,既审慎适用,又当用则用。实践中存在标准把握不严而滥用这一例外制度的现象,同时也存在因法律规定较为原则、抽象,适用难度大,而不善于适用、不敢于适用的现象,均应当引起高度重视。

10.【人格混同】认定公司人格与股东人格是否存在混同,最根本的判断标准是公司是否具有独立意思和独立财产,最主要的表现是公司的财产与股东的财产是否混同且无法区分。在认定是否构成人格混同时,应当综合考虑以下因素:

（1）股东无偿使用公司资金或者财产，不做财务记载的；

（2）股东用公司的资金偿还股东的债务，或者将公司的资金供关联公司无偿使用，不做财务记载的；

（3）公司账簿与股东账簿不分，致使公司财产与股东财产无法区分的；

（4）股东自身收益与公司盈利不加区分，致使双方利益不清的；

（5）公司的财产记载于股东名下，由股东占有、使用的；

（6）人格混同的其他情形。

在出现人格混同的情况下，往往同时出现以下混同：公司业务和股东业务混同；公司员工与股东员工混同，特别是财务人员混同；公司住所与股东住所混同。人民法院在审理案件时，关键要审查是否构成人格混同，而不要求同时具备其他方面的混同，其他方面的混同往往只是人格混同的补强。

11.【过度支配与控制】公司控制股东对公司过度支配与控制，操纵公司的决策过程，使公司完全丧失独立性，沦为控制股东的工具或躯壳，严重损害公司债权人利益，应当否认公司人格，由滥用控制权的股东对公司债务承担连带责任。实践中常见的情形包括：

（1）母子公司之间或者子公司之间进行利益输送的；

（2）母子公司或者子公司之间进行交易，收益归一方，损失却由另一方承担的；

（3）先从原公司抽走资金，然后再成立经营目的相同或者类似的公司，逃避原公司债务的；

（4）先解散公司，再以原公司场所、设备、人员及相同或者相似的经营目的另设公司，逃避原公司债务的；

（5）过度支配与控制的其他情形。

控制股东或实际控制人控制多个子公司或者关联公司，滥用控制权使多个子公司或者关联公司财产边界不清、财务混同,利益相互输送,丧失人格独立性,沦为控制股东逃避债务、非法经营,甚至违法犯罪工具的,可以综合案件事实,否认子公司或者关联公司法人人格,判令承担连带责任。

12.【资本显著不足】资本显著不足指的是,公司设立后在经营过程中,股东实际投入公司的资本数额与公司经营所隐含的风险相比明显不匹配。股东利用较少资本从事力所不及的经营,表明其没有从事公司经营的诚意,实质是恶意利用公司独立人格和股东有限责任把投资风险转嫁给债权人。由于资本显著不足的判断标准有很大的模糊性,特别是要与公司采取"以小博大"的正常经营方式相区分,因此在适用时要十分谨慎,应当与其他因素结合起来综合判断。

13.【诉讼地位】人民法院在审理公司人格否认纠纷案件时,应当根据不同情形确定当事人的诉讼地位:

(1)债权人对债务人公司享有的债权已经由生效裁判确认,其另行提起公司人格否认诉讼,请求股东对公司债务承担连带责任的,列股东为被告,公司为第三人;

(2)债权人对债务人公司享有的债权提起诉讼的同时,一并提起公司人格否认诉讼,请求股东对公司债务承担连带责任的,列公司和股东为共同被告;

(3)债权人对债务人公司享有的债权尚未经生效裁判确认,直接提起公司人格否认诉讼,请求公司股东对公司债务承担连带责任的,人民法院应当向债权人释明,告知其追加公司为共同被告。债权人拒绝追加的,人民法院应当裁定驳回起诉。

(五)关于有限责任公司清算义务人的责任

关于有限责任公司股东清算责任的认定,一些案件的处理结果不适当地扩大了股东的清算责任。特别是实践中出现了一些职业债权人,从其他债权人处大批量超低价收购僵尸企业的"陈年旧账"后,对批量僵尸企业提起强制清算之诉,在获得人民法院对公司主要财产、账册、重要文件等灭失的认定后,根据公司法司法解释(二)第

18条第2款的规定,请求有限责任公司的股东对公司债务承担连带清偿责任。有的人民法院没有准确把握上述规定的适用条件,判决没有"怠于履行义务"的小股东或者虽"怠于履行义务"但与公司主要财产、账册、重要文件等灭失没有因果关系的小股东对公司债务承担远远超过其出资数额的责任,导致出现利益明显失衡的现象。需要明确的是,上述司法解释关于有限责任公司股东清算责任的规定,其性质是因股东怠于履行清算义务致使公司无法清算所应当承担的侵权责任。在认定有限责任公司股东是否应当对债权人承担侵权赔偿责任时,应当注意以下问题:

14.【怠于履行清算义务的认定】公司法司法解释(二)第18条第2款规定的"怠于履行义务",是指有限责任公司的股东在法定清算事由出现后,在能够履行清算义务的情况下,故意拖延、拒绝履行清算义务,或者因过失导致无法进行清算的消极行为。股东举证证明其已经为履行清算义务采取了积极措施,或者小股东举证证明其既不是公司董事会或者监事会成员,也没有选派人员担任该机关成员,且从未参与公司经营管理,以不构成"怠于履行义务"为由,主张其不应当对公司债务承担连带清偿责任的,人民法院依法予以支持。

15.【因果关系抗辩】有限责任公司的股东举证证明其"怠于履行义务"的消极不作为与"公司主要财产、账册、重要文件等灭失,无法进行清算"的结果之间没有因果关系,主张其不应对公司债务承担连带清偿责任的,人民法院依法予以支持。

16.【诉讼时效期间】公司债权人请求股东对公司债务承担连带清偿责任,股东以公司债权人对公司的债权已经超过诉讼时效期间为由抗辩,经查证属实的,人民法院依法予以支持。

公司债权人以公司法司法解释(二)第18条第2款为依据,请求有限责任公司的股东对公司债务承担连带清偿责任的,诉讼时效期间自公司债权人知道或者应当知道公司无法进行清算之日起计算。

（六）关于公司为他人提供担保

关于公司为他人提供担保的合同效力问题，审判实践中裁判尺度不统一，严重影响了司法公信力，有必要予以规范。对此，应当把握以下几点：

17.【违反《公司法》第16条构成越权代表】为防止法定代表人随意代表公司为他人提供担保给公司造成损失，损害中小股东利益，《公司法》第16条对法定代表人的代表权进行了限制。根据该条规定，担保行为不是法定代表人所能单独决定的事项，而必须以公司股东（大）会、董事会等公司机关的决议作为授权的基础和来源。法定代表人未经授权擅自为他人提供担保的，构成越权代表，人民法院应当根据《合同法》第50条关于法定代表人越权代表的规定，区分订立合同时债权人是否善意分别认定合同效力：债权人善意的，合同有效；反之，合同无效。

18.【善意的认定】前条所称的善意，是指债权人不知道或者不应当知道法定代表人超越权限订立担保合同。《公司法》第16条对关联担保和非关联担保的决议机关作出了区别规定，相应地，在善意的判断标准上也应当有所区别。一种情形是，为公司股东或者实际控制人提供关联担保，《公司法》第16条明确规定必须由股东（大）会决议，未经股东（大）会决议，构成越权代表。在此情况下，债权人主张担保合同有效，应当提供证据证明其在订立合同时对股东（大）会决议进行了审查，决议的表决程序符合《公司法》第16条的规定，即在排除被担保股东表决权的情况下，该项表决由出席会议的其他股东所持表决权的过半数通过，签字人员也符合公司章程的规定。另一种情形是，公司为公司股东或者实际控制人以外的人提供非关联担保，根据《公司法》第16条的规定，此时由公司章程规定是由董事会决议还是股东（大）会决议。无论章程是否对决议机关做出规定，也无论章程规定决议机关为董事会还是股东（大）会，根据《民法总则》第61条第3款关于"法人章程或者法人权力机构对法定代表人代表权的限制，不得对抗善意相对人"的规定，只要债权人能够证明其在订立担保合同时对董事会决议或者股东(大)会决议进行了审查,同意决议的人数及签字人员符合公司章程的规定,就应当认定其构成善意,但公司能够证明债权人明知公司章程对决议机关有明确规定的除外。

债权人对公司机关决议内容的审查一般限于形式审查,只要求尽到必要的注意义务即可,标准不宜太过严苛。公司以机关决议系法定代表人伪造或者变造、决议程序违法、签章(名)不实、担保金额超过法定限额等事由抗辩债权人非善意的,人民法院一般不予支持。但是,公司有证据证明债权人明知决议系伪造或者变造的除外。

19.【无须机关决议的例外情况】存在下列情形的,即便债权人知道或者应当知道没有公司机关决议,也应当认定担保合同符合公司的真实意思表示,合同有效:

(1)公司是以为他人提供担保为主营业务的担保公司,或者是开展保函业务的银行或者非银行金融机构;

(2)公司为其直接或者间接控制的公司开展经营活动向债权人提供担保;

(3)公司与主债务人之间存在相互担保等商业合作关系;

(4)担保合同系由单独或者共同持有公司三分之二以上有表决权的股东签字同意。

20.【越权担保的民事责任】依据前述3条规定,担保合同有效,债权人请求公司承担担保责任的,人民法院依法予以支持;担保合同无效,债权人请求公司承担担保责任的,人民法院不予支持,但可以按照担保法及有关司法解释关于担保无效的规定处理。公司举证证明债权人明知法定代表人超越权限或者机关决议系伪造或者变造,债权人请求公司承担合同无效后的民事责任的,人民法院不予支持。

21.【权利救济】法定代表人的越权担保行为给公司造成损失,公司请求法定代表人承担赔偿责任的,人民法院依法予以支持。公司没有提起诉讼,股东依据《公司法》第151条的规定请求法定代表人承担赔偿责任的,人民法院依法予以支持。

22.【上市公司为他人提供担保】债权人根据上市公司公开披露的关于担保事项已经董事会或者股东大会决议通过的信息订立的担保合同,人民法院应当认定有效。

23.【债务加入准用担保规则】法定代表人以公司名义与债务人约定加入债务并通知债权人或者向债权人表示愿意加入债务,该约定的效力问题,参照本纪要关于公司为他人提供担保的有关规则处理。

(七)关于股东代表诉讼

24.【何时成为股东不影响起诉】股东提起股东代表诉讼,被告以行为发生时原告尚未成为公司股东为由抗辩该股东不是适格原告的,人民法院不予支持。

25.【正确适用前置程序】根据《公司法》第151条的规定,股东提起代表诉讼的前置程序之一是,股东必须先书面请求公司有关机关向人民法院提起诉讼。一般情况下,股东没有履行该前置程序的,应当驳回起诉。但是,该项前置程序针对的是公司治理的一般情况,即在股东向公司有关机关提出书面申请之时,存在公司有关机关提起诉讼的可能性。如果查明的相关事实表明,根本不存在该种可能性的,人民法院不应当以原告未履行前置程序为由驳回起诉。

26.【股东代表诉讼的反诉】股东依据《公司法》第151条第3款的规定提起股东代表诉讼后,被告以原告股东恶意起诉侵犯其合法权益为由提起反诉的,人民法院应予受理。被告以公司在案涉纠纷中应当承担侵权或者违约等责任为由对公司提出的反诉,因不符合反诉的要件,人民法院应当裁定不予受理;已经受理的,裁定驳回起诉。

27.【股东代表诉讼的调解】公司是股东代表诉讼的最终受益人,为避免因原告股东与被告通过调解损害公司利益,人民法院应当审查调解协议是否为公司的意思。只有在调解协议经公司股东(大)会、董事会决议通过后,人民法院才能出具调解书予以确认。至于具体决议机关,取决于公司章程的规定。公司章程没有规定的,人民法院应当认定公司股东(大)会为决议机关。

(八)其他问题

28.【实际出资人显名的条件】实际出资人能够提供证据证明有限责任公司过半数的其他股东知道其实际出资的事实,且对其实际行使股东权利未曾提出异议的,对实际出资人提出的登记为公司股东的请求,人民法院依法予以支持。公司以实际出资人的请求不符合公司法司法解释(三)第24条的规定为由抗辩的,人民法院不予支持。

29.【请求召开股东(大)会不可诉】公司召开股东(大)会本质上属于公司内部治理范围。股东请求判令公司召开股东(大)会的,人民法院应当告知其按照《公司法》第40条或者第101条规定的程序自行召开。股东坚持起诉的,人民法院应当裁定不予受理;已经受理的,裁定驳回起诉。

三、关于合同纠纷案件的审理

会议认为,合同是市场化配置资源的主要方式,合同纠纷也是民商事纠纷的主要类型。人民法院在审理合同纠纷案件时,要坚持鼓励交易原则,充分尊重当事人的意思自治。要依法审慎认定合同效力。要根据诚实信用原则,合理解释合同条款、确定履行内容,合理确定当事人的权利义务关系,审慎适用合同解除制度,依法调整过高的违约金,强化对守约者诚信行为的保护力度,提高违法违约成本,促进诚信社会构建。

(一)关于合同效力

人民法院在审理合同纠纷案件过程中,要依职权审查合同是否存在无效的情形,注意无效与可撤销、未生效、效力待定等合同效力形态之间的区别,准确认定合同效力,并根据效力的不同情形,结合当事人的诉讼请求,确定相应的民事责任。

30.【强制性规定的识别】合同法施行后,针对一些人民法院动辄以违反法律、行政法规的强制性规定为由认定合同无效,不当扩大无效合同范围的情形,合同法司法解释(二)第14条将《合同法》第52条第5项规定的"强制性规定"明确限于"效力性强制性规定"。此后,《最高人民法院关于当前形势下审理民商事合同纠纷案件若干问题的指导意见》进一步提出了"管理性强制性规定"的概念,指出违反管理性强制性规定的,人民法院应当根据具体情形认定合同效力。随着这一概念的提出,审判实践中又出现了另一种倾向,有的人民法院认为凡是行政管理性质的强制性规定都属于"管理性强制性规定",不影响合同效力。这种望文生义的认定方法,应予纠正。

人民法院在审理合同纠纷案件时,要依据《民法总则》第153条第1款和合同法司法解释(二)第14条的规定慎重判断"强制性规定"的性质,特别是要在考量强制性规定所保护的法益类型、违法行为的法律后果以及交易安全保护等因素的基础上认定其性质,并在裁判文书中充分说明理由。下列强制性规定,应当认定为"效力性强制性规定":强制性规定涉及金融安全、市场秩序、国家宏观政策等公序良俗的;交易标的禁止买卖的,如禁止人体器官、毒品、枪支等买卖;违反特许经营规定的,如场外配资合同;交易方式严重违法的,如违反招投标等竞争性缔约方式订立的合同;交易场所违法的,如在批准的交易场所之外进行期货交易。关于经营范围、交易时间、交易数量等行政管理性质的强制性规定,一般应当认定为"管理性强制性规定"。

31.【违反规章的合同效力】违反规章一般情况下不影响合同效力,但该规章的内容涉及金融安全、市场秩序、国家宏观政策等公序良俗的,应当认定合同无效。人民法院在认定规章是否涉及公序良俗时,要在考察规范对象基础上,兼顾监管强度、交易安全保护以及社会影响等方面进行慎重考量,并在裁判文书中进行充分说理。

32.【合同不成立、无效或者被撤销的法律后果】《合同法》第58条就合同无效或者被撤销时的财产返还责任和损害赔偿责任做了规定,但未规定合同不成立的法律后果。考虑到合同不成立时也可能发生财产返还和损害赔偿责任问题,故应当参照适用该条的规定。

在确定合同不成立、无效或者被撤销后财产返还或者折价补偿范围时,要根据诚实信用原则的要求,在当事人之间合理分配,不能使不诚信的当事人因合同不成立、无效或者被撤销而获益。合同不成立、无效或者被撤销情况下,当事人所承担的缔约过失责任不应超过合同履行利益。比如,依据《最高人民法院关于审理建设工程施工合同纠纷案件适用法律问题的解释》第2条规定,建设工程施工合同无效,在建设工程经竣工验收合格情况下,可以参照合同约定支付工程款,但除非增加了合同约定之外新的工程项目,一般不应超出合同约定支付工程款。

33.【财产返还与折价补偿】合同不成立、无效或者被撤销后,在确定财产返还时,要充分考虑财产增值或者贬值的因素。双务合同不成立、无效或者被撤销后,双方因该合同取得财产的,应当相互返还。应予返还的股权、房屋等财产相对于合同约定价款出现增值或者贬值的,人民法院要综合考虑市场因素、受让人的经营或者添附等行为与财产增值或者贬值之间的关联性,在当事人之间合理分配或者分担,避免一方因合同不成立、无效或者被撤销而获益。在标的物已经灭失、转售他人或者其他无法返还的情况下,当事人主张返还原物的,人民法院不予支持,但其主张折价补偿的,人民法院依法予以支持。折价时,应当以当事人交易时约定的价款为基础,同时考虑当事人在标的物灭失或者转售时的获益情况综合确定补偿标准。标的物灭失时当事人获得的保险金或者其他赔偿金,转售时取得的对价,均属于当事人因标的物而获得的利益。对获益高于或者低于价款的部分,也应当在当事人之间合理分配或者分担。

34.【价款返还】双务合同不成立、无效或者被撤销时,标的物返还与价款返还互为对待给付,双方应当同时返还。关于应否支付利息问题,只要一方对标的物有使用情形的,一般应当支付使用费,该费用可与占有价款一方应当支付的资金占用费相互抵销,故在一方返还原物前,另一方仅须支付本金,而无须支付利息。

35.【损害赔偿】合同不成立、无效或者被撤销时,仅返还财产或者折价补偿不足以弥补损失,一方还可以向有过错的另一方请求损害赔偿。在确定损害赔偿范围时,既要根据当事人的过错程度合理确定责任,又要考虑在确定财产返还范围时已经考虑过的财产增值或者贬值因素,避免双重获利或者双重受损的现象发生。

36.【合同无效时的释明问题】在双务合同中,原告起诉请求确认合同有效并请求继续履行合同,被告主张合同无效的,或者原告起诉请求确认合同无效并返还财产,而被告主张合同有效的,都要防止机械适用"不告不理"原则,仅就当事人的诉讼请求进行审理,而应向原告释明变更或者增加诉讼请求,或者向被告释明提出同时履行抗辩,尽可能一次性解决纠纷。例如,基于合同有给付行为的原告请求确认合同无效,但并未提出返还原物或者折价补偿、赔偿损失等请求的,人民法院应当向其释明,告知其一并提出相应诉讼请求;原告请求确认合同无效并要求被告返还原物或者赔偿损失,被告基于合同也有给付行为的,人民法院同样应当向被告释明,告知其也可以提出返还请求;人民法院经审理认定合同无效的,除了要在判决书"本院认为"部分对同时返还作出认定外,还应当在判项中作出明确表述,避免因判令单方返还而出现不公平的结果。

第一审人民法院未予释明,第二审人民法院认为应当对合同不成立、无效或者被撤销的法律后果作出判决的,可以直接释明并改判。当然,如果返还财产或者赔偿损失的范围确实难以确定或者双方争议较大的,也可以告知当事人通过另行起诉等方式解决,并在裁判文书中予以明确。

当事人按照释明变更诉讼请求或者提出抗辩的,人民法院应当将其归纳为案件争议焦点,组织当事人充分举证、质证、辩论。

37.【未经批准合同的效力】法律、行政法规规定某类合同应当办理批准手续生效的,如商业银行法、证券法、保险法等法律规定购买商业银行、证券公司、保险公司 5% 以上股权须经相关主管部门批准,依据《合同法》第 44 条第 2 款的规定,批准是合同的法定生效条件,未经批准的合同因欠缺法律规定的特别生效条件而未生效。实践中的一个突出问题是,把未生效合同认定为无效合同,或者虽认定为未生效,却按无效合同处理。无效合同从本质上来说是欠缺合同的有效要件,或者具有合同无效的法定事由,自始不发生法律效力。而未生效合同已具备合同的有效要件,对双方具有一定的拘束力,任何一方不得擅自撤回、解除、变更,但因欠缺法律、行政法规规定或当事人约定的特别生效条件,在该生效条件成就前,不能产生请求对方履行合同主要权利义务的法律效力。

38.【报批义务及相关违约条款独立生效】须经行政机关批准生效的合同,对报批义务及未履行报批义务的违约责任等相关内容作出专门约定的,该约定独立生效。一方因另一方不履行报批义务,请求解除合同并请求其承担合同约定的相应违约责任的,人民法院依法予以支持。

39.【报批义务的释明】须经行政机关批准生效的合同,一方请求另一方履行合同主要权利义务的,人民法院应当向其释明,将诉讼请求变更为请求履行报批义务。一方变更诉讼请求的,人民法院依法予以支持;经释明后当事人拒绝变更的,应当驳回其诉讼请求,但不影响其另行提起诉讼。

40.【判决履行报批义务后的处理】人民法院判决一方履行报批义务后,该当事人拒绝履行,经人民法院强制执行仍未履行,对方请求其承担合同违约责任的,人民法院依法予以支持。一方依据判决履行报批义务,行政机关予以批准,合同发生完全的法律效力,其请求对方履行合同的,人民法院依法予以支持;行政机关没有批准,合同不具有法律上的可履行性,一方请求解除合同的,人民法院依法予以支持。

41.【盖章行为的法律效力】司法实践中,有些公司有意刻制两套甚至多套公章,有的法定代表人或者代理人甚至私刻公章，订立合同时恶意加盖非备案的公章或者假公章，发生纠纷后法人以加盖的是假公章为由否定合同效力的情形并不鲜见。人民法院在审理案件时，应当主要审查签约人于盖章之时有无代表权或者代理权，从而根据代表或者代理的相关规则来确定合同的效力。

法定代表人或者其授权之人在合同上加盖法人公章的行为，表明其是以法人名义签订合同，除《公司法》第16条等法律对其职权有特别规定的情形外，应当由法人承担相应的法律后果。法人以法定代表人事后已无代表权、加盖的是假章、所盖之章与备案公章不一致等为由否定合同效力的，人民法院不予支持。

代理人以被代理人名义签订合同，要取得合法授权。代理人取得合法授权后，以被代理人名义签订的合同，应当由被代理人承担责任。被代理人以代理人事后已无代理权、加盖的是假章、所盖之章与备案公章不一致等为由否定合同效力的，人民法院不予支持。

42.【撤销权的行使】撤销权应当由当事人行使。当事人未请求撤销的，人民法院不应当依职权撤销合同。一方请求另一方履行合同，另一方以合同具有可撤销事由提出抗辩的，人民法院应当在审查合同是否具有可撤销事由以及是否超过法定期间等事实的基础上，对合同是否可撤销作出判断，不能仅以当事人未提起诉讼或者反诉为由不予审查或者不予支持。一方主张合同无效，依据的却是可撤销事由，此时人民法院应当全面审查合同是否具有无效事由以及当事人主张的可撤销事由。当事人关于合同无效的事由成立的，人民法院应当认定合同无效。当事人主张合同无效的理由不成立，而可撤销的事由成立的，因合同无效和可撤销的后果相同，人民法院也可以结合当事人的诉讼请求，直接判决撤销合同。

(二)关于合同履行与救济

在认定以物抵债协议的性质和效力时，要根据订立协议时履行期限是否已经届满予以区别对待。合同解除、违约责任都是非违约方寻求救济的主要方式,人民法院在认定合同应否解除时,要根据当事人有无解除权、是约定解除还是法定解除等不同情形,分别予以处理。在确定违约责任时,尤其要注意依法适用违约金调整的相关规则,避免简单地以民间借贷利率的司法保护上限作为调整依据。

43.【抵销】抵销权既可以通知的方式行使,也可以提出抗辩或者提起反诉的方式行使。抵销的意思表示自到达对方时生效,抵销一经生效,其效力溯及自抵销条件成就之时,双方互负的债务在同等数额内消灭。双方互负的债务数额,是截至抵销条件成就之时各自负有的包括主债务、利息、违约金、赔偿金等在内的全部债务数额。行使抵销权一方享有的债权不足以抵销全部债务数额,当事人对抵销顺序又没有特别约定的,应当根据实现债权的费用、利息、主债务的顺序进行抵销。

44.【履行期届满后达成的以物抵债协议】当事人在债务履行期限届满后达成以物抵债协议,抵债物尚未交付债权人,债权人请求债务人交付的,人民法院要着重审查以物抵债协议是否存在恶意损害第三人合法权益等情形,避免虚假诉讼的发生。经审查,不存在以上情况,且无其他无效事由的,人民法院依法予以支持。

当事人在一审程序中因达成以物抵债协议申请撤回起诉的,人民法院可予准许。当事人在二审程序中申请撤回上诉的,人民法院应当告知其申请撤回起诉。当事人申请撤回起诉,经审查不损害国家利益、社会公共利益、他人合法权益的,人民法院可予准许。当事人不申请撤回起诉,请求人民法院出具调解书对以物抵债协议予以确认的,因债务人完全可以立即履行该协议,没有必要由人民法院出具调解书,故人民法院不应准许,同时应当继续对原债权债务关系进行审理。

45.【履行期届满前达成的以物抵债协议】当事人在债务履行期届满前达成以物抵债协议,抵债物尚未交付债权人,债权人请求债务人交付的,因此种情况不同于本纪要第71条规定的让与担保,人民法院应当向其释明,其应当根据原债权债务关系提起诉讼。经释明后当事人仍拒绝变更诉讼请求的,应当驳回其诉讼请求,但不影响其根据原债权债务关系另行提起诉讼。

46.【通知解除的条件】审判实践中,部分人民法院对合同法司法解释(二)第24条的理解存在偏差,认为不论发出解除通知的一方有无解除权,只要另一方未在异议期限内以起诉方式提出异议,就判令解除合同,这不符合合同法关于合同解除权行使的有关规定。对该条的准确理解是,只有享有法定或者约定解除权的当事人才能以通知方式解除合同。不享有解除权的一方向另一方发出解除通知,另一方即便未在异议期限内提起诉讼,也不发生合同解除的效果。人民法院在审理案件时,应当审查发出解除通知的一方是否享有约定或者法定的解除权来决定合同应否解除,不能仅以受通知一方在约定或者法定的异议期限届满内未起诉这一事实就认定合同已经解除。

47.【约定解除条件】合同约定的解除条件成就时,守约方以此为由请求解除合同的,人民法院应当审查违约方的违约程度是否显著轻微,是否影响守约方合同目的实现,根据诚实信用原则,确定合同应否解除。违约方的违约程度显著轻微,不影响守约方合同目的实现,守约方请求解除合同的,人民法院不予支持;反之,则依法予以支持。

48.【违约方起诉解除】违约方不享有单方解除合同的权利。但是,在一些长期性合同如房屋租赁合同履行过程中,双方形成合同僵局,一概不允许违约方通过起诉的方式解除合同,有时对双方都不利。在此前提下,符合下列条件,违约方起诉请求解除合同的,人民法院依法予以支持:

(1)违约方不存在恶意违约的情形;

(2)违约方继续履行合同,对其显失公平;

(3)守约方拒绝解除合同,违反诚实信用原则。

人民法院判决解除合同的,违约方本应当承担的违约责任不能因解除合同而减少或者免除。

49.【合同解除的法律后果】合同解除时,一方依据合同中有关违约金、约定损害赔偿的计算方法、定金责任等违约责任条款的约定,请求另一方承担违约责任的,人民法院依法予以支持。

双务合同解除时人民法院的释明问题,参照本纪要第36条的相关规定处理。

50.【违约金过高标准及举证责任】认定约定违约金是否过高,一般应当以《合同法》第113条规定的损失为基础进行判断,这里的损失包括合同履行后可以获得的利益。除借款合同外的双务合同,作为对价的价款或者报酬给付之债,并非借款合同项下的还款义务,不能以受法律保护的民间借贷利率上限作为判断违约金是否过高的标准,而应当兼顾合同履行情况、当事人过错程度以及预期利益等因素综合确定。主张违约金过高的违约方应当对违约金是否过高承担举证责任。

(三)关于借款合同

人民法院在审理借款合同纠纷案件过程中,要根据防范化解重大金融风险、金融服务实体经济、降低融资成本的精神,区别对待金融借贷与民间借贷,并适用不同规则与利率标准。要依法否定高利转贷行为、职业放贷行为的效力,充分发挥司法的示范、引导作用,促进金融服务实体经济。要注意到,为深化利率市场化改革,推动降低实体利率水平,自2019年8月20日起,中国人民银行已经授权全国银行间同业拆借中心于每月20日(遇节假日顺延)9时30分公布贷款市场报价利率(LPR),中国人民银行贷款基准利率这一标准已经取消。因此,自此之后人民法院裁判贷款利息的基本标准应改为全国银行间同业拆借中心公布的贷款市场报价利率。应予注意的是,贷款利率标准尽管发生了变化,但存款基准利率并未发生相应变化,相关标准仍可适用。

51.【变相利息的认定】金融借款合同纠纷中,借款人认为金融机构以服务费、咨询费、顾问费、管理费等为名变相收取利息,金融机构或者由其指定的人收取的相关费用不合理的,人民法院可以根据提供服务的实际情况确定借款人应否支付或者酌减相关费用。

52.【高利转贷】民间借贷中,出借人的资金必须是自有资金。出借人套取金融机构信贷资金又高利转贷给借款人的民间借贷行为,既增加了融资成本,又扰乱了信贷秩序,根据民间借贷司法解释第14条第1项的规定,应当认定此类民间借贷行为无效。人民法院在适用该条规定时,应当注意把握以下几点:一是要审查出借人的资金来源。借款人能够举证证明在签订借款合同时出借人尚欠银行贷款未还的,一般可以推定为出借人套取信贷资金,但出借人能够举反证予以推翻的除外;二是从宽认定"高利"转贷行为的标准,只要出借人通过转贷行为牟利的,就可以认定为是"高利"转贷行为;三是对该条规定的"借款人事先知道或者应当知道的"要件,不宜把握过苛。实践中,只要出借人在签订借款合同时存在尚欠银行贷款未还事实的,一般可以认为满足了该条规定的"借款人事先知道或者应当知道"这一要件。

53.【职业放贷人】未依法取得放贷资格的以民间借贷为业的法人,以及以民间借贷为业的非法人组织或者自然人从事的民间借贷行为,应当依法认定无效。同一出借人在一定期间内多次反复从事有偿民间借贷行为的,一般可以认定为是职业放贷人。民间借贷比较活跃的地方的高级人民法院或者经其授权的中级人民法院,可以根据本地区的实际情况制定具体的认定标准。

四、关于担保纠纷案件的审理

会议认为,要注意担保法及其司法解释与物权法对独立担保、混合担保、担保期间等有关制度的不同规定,根据新的规定优于旧的规定的法律适用规则,优先适用物权法的规定。从属性是担保的基本属性,要慎重认定独立担保行为的效力,将其严格限定在法律或者司法解释明确规定的情形。要根据区分原则,准确认定担保合同效力。要坚持物权法定、公示公信原则,区分不动产与动产担保物权在物权变动、效力规则等方面的异同,准确适用法律。要充分发挥担保对缓解融资难融资贵问题的积极作用,不轻易否定新类型担保、非典型担保的合同效力及担保功能。

(一)关于担保的一般规则

54.【独立担保】从属性是担保的基本属性,但由银行或者非银行金融机构开立的独立保函除外。独立保函纠纷案件依据《最高人民法院关于审理独立保函纠纷案件若干问题的规定》处理。需要进一步明确的是:凡是由银行或者非银行金融机构开立的符合该司法解释第1条、第3条规定情形的保函,无论是用于国际商事交易还是用于国内商事交易,均不影响保函的效力。银行或者非银行金融机构之外的当事人开立的独立保函,以及当事人有关排除担保从属性的约定,应当认定无效。但是,根据"无效法律行为的转换"原理,在否定其独立担保效力的同时,应当将其认定为从属性担保。此时,如果主合同有效,则担保合同有效,担保人与主债务人承担连带保证责任。主合同无效,则该所谓的独立担保也随之无效,担保人无过错的,不承担责任;担保人有过错的,其承担民事责任的部分,不应超过债务人不能清偿部分的三分之一。

55.【担保责任的范围】担保人承担的担保责任范围不应当大于主债务,是担保从属性的必然要求。当事人约定的担保责任的范围大于主债务的,如针对担保责任约定专门的违约责任、担保责任的数额高于主债务、担保责任约定的利息高于主债务利息、担保责任的履行期先于主债务履行期届满,等等,均应当认定大于主债务部分的约定无效,从而使担保责任缩减至主债务的范围。

56.【混合担保中担保人之间的追偿问题】被担保的债权既有保证又有第三人提供的物的担保的,担保法司法解释第38条明确规定,承担了担保责任的担保人可以要求其他担保人清偿其应当分担的份额。但《物权法》第176条并未作出类似规定，根据《物权法》第178条关于"担保法与本法的规定不一致的,适用本法"的规定,承担了担保责任的担保人向其他担保人追偿的,人民法院不予支持,但担保人在担保合同中约定可以相互追偿的除外。

57.【借新还旧的担保物权】贷款到期后,借款人与贷款人订立新的借款合同,将新贷用于归还旧贷,旧贷因清偿而消灭,为旧贷设立的担保物权也随之消灭。贷款人以旧贷上的担保物权尚未进行涂销登记为由,主张对新贷行使担保物权的,人民法院不予支持,但当事人约定继续为新贷提供担保的除外。

58.【担保债权的范围】以登记作为公示方式的不动产担保物权的担保范围,一般应当以登记的范围为准。但是,我国目前不动产担保物权登记,不同地区的系统设置及登记规则并不一致,人民法院在审理案件时应当充分注意制度设计上的差别,作出符合实际的判断：一是多数省区市的登记系统未设置"担保范围"栏目,仅有"被担保主债权数额(最高债权数额)"的表述,且只能填写固定数字。而当事人在合同中又往往约定担保物权的担保范围包括主债权及其利息、违约金等附属债权,致使合同约定的担保范围与登记不一致。显然,这种不一致是由于该地区登记系统设置及登记规则造成的该地区的普遍现象。人民法院以合同约定认定担保物权的担保范围,是符合实际的妥当选择。二是一些省区市不动产登记系统设置与登记规则比较规范,担保物权登记范围与合同约定一致在该地区是常态或者普遍现象,人民法院在审理案件时,应当以登记的担保范围为准。

59.【主债权诉讼时效届满的法律后果】抵押权人应当在主债权的诉讼时效期间内行使抵押权。抵押权人在主债权诉讼时效届满前未行使抵押权,抵押人在主债权诉讼时效届满后请求涂销抵押权登记的,人民法院依法予以支持。

以登记作为公示方法的权利质权,参照适用前款规定。

（二）关于不动产担保物权

60.【未办理登记的不动产抵押合同的效力】不动产抵押合同依法成立，但未办理抵押登记手续，债权人请求抵押人办理抵押登记手续的，人民法院依法予以支持。因抵押物灭失以及抵押物转让他人等原因不能办理抵押登记，债权人请求抵押人以抵押物的价值为限承担责任的，人民法院依法予以支持，但其范围不得超过抵押权有效设立时抵押人所应当承担的责任。

61.【房地分别抵押】根据《物权法》第182条之规定，仅以建筑物设定抵押的，抵押权的效力及于占用范围内的土地；仅以建设用地使用权抵押的，抵押权的效力亦及于其上的建筑物。在房地分别抵押，即建设用地使用权抵押给一个债权人，而其上的建筑物又抵押给另一个人的情况下，可能产生两个抵押权的冲突问题。基于"房地一体"规则，此时应当将建筑物和建设用地使用权视为同一财产，从而依照《物权法》第199条的规定确定清偿顺序：登记在先的先清偿；同时登记的，按照债权比例清偿。同一天登记的，视为同时登记。应予注意的是，根据《物权法》第200条的规定，建设用地使用权抵押后，该土地上新增的建筑物不属于抵押财产。

62.【抵押权随主债权转让】抵押权是从属于主合同的从权利，根据"从随主"规则，债权转让的，除法律另有规定或者当事人另有约定外，担保该债权的抵押权一并转让。受让人向抵押人主张行使抵押权，抵押人以受让人不是抵押合同的当事人、未办理变更登记等为由提出抗辩的，人民法院不予支持。

（三）关于动产担保物权

63.【流动质押的设立与监管人的责任】在流动质押中，经常由债权人、出质人与监管人订立三方监管协议，此时应当查明监管人究竟是受债权人的委托还是受出质人的委托监管质物，确定质物是否已经交付债权人，从而判断质权是否有效设立。如果监管人系受债权人的委托监管质物，则其是债权人的直接占有人，应当认定完成了质物交付,质权有效设立。监管人违反监管协议约定,违规向出质人放货、因保管不善导致质物毁损灭失,债权人请求监管人承担违约责任的,人民法院依法予以支持。

如果监管人系受出质人委托监管质物,表明质物并未交付债权人,应当认定质权未有效设立。尽管监管协议约定监管人系受债权人的委托监管质物,但有证据证明其并未履行监管职责,质物实际上仍由出质人管领控制的,也应当认定质物并未实际交付,质权未有效设立。此时,债权人可以基于质押合同的约定请求质押人承担违约责任,但其范围不得超过质权有效设立时质押人所应当承担的责任。监管人未履行监管职责的,债权人也可以请求监管人承担违约责任。

64.【浮动抵押的效力】企业将其现有的以及将有的生产设备、原材料、半成品及产品等财产设定浮动抵押后,又将其中的生产设备等部分财产设定了动产抵押,并都办理了抵押登记的,根据《物权法》第199条的规定,登记在先的浮动抵押优先于登记在后的动产抵押。

65.【动产抵押权与质权竞存】同一动产上同时设立质权和抵押权的,应当参照适用《物权法》第199条的规定,根据是否完成公示以及公示先后情况来确定清偿顺序:质权有效设立、抵押权办理了抵押登记的,按照公示先后确定清偿顺序;顺序相同的,按照债权比例清偿;质权有效设立,抵押权未办理抵押登记的,质权优先于抵押权;质权未有效设立,抵押权未办理抵押登记的,因此时抵押权已经有效设立,故抵押权优先受偿。

根据《物权法》第178条规定的精神,担保法司法解释第79条第1款不再适用。

(四)关于非典型担保

66.【担保关系的认定】当事人订立的具有担保功能的合同,不存在法定无效情形的,应当认定有效。虽然合同约定的权利义务关系不属于物权法规定的典型担保类型,但是其担保功能应予肯定。

67.【约定担保物权的效力】债权人与担保人订立担保合同,约定以法律、行政法规未禁止抵押或者质押的财产设定以登记作为公示方法的担保,因无法定的登记机构而未能进行登记的,不具有物权效力。当事人请求按照担保合同的约定就该财产折价、变卖或者拍卖所得价款等方式清偿债务的,人民法院依法予以支持,但对其他权利人不具有对抗效力和优先性。

68.【保兑仓交易】保兑仓交易作为一种新类型融资担保方式,其基本交易模式是,以银行信用为载体、以银行承兑汇票为结算工具、由银行控制货权、卖方(或者仓储方)受托保管货物并以承兑汇票与保证金之间的差额作为担保。其基本的交易流程是:卖方、买方和银行订立三方合作协议,其中买方向银行缴存一定比例的承兑保证金,银行向买方签发以卖方为收款人的银行承兑汇票,买方将银行承兑汇票交付卖方作为货款,银行根据买方缴纳的保证金的一定比例向卖方签发提货单,卖方根据提货单向买方交付对应金额的货物,买方销售货物后,将货款再缴存为保证金。

在三方协议中,一般来说,银行的主要义务是及时签发承兑汇票并按约定方式将其交给卖方,卖方的主要义务是根据银行签发的提货单发货,并在买方未及时销售或者回赎货物时,就保证金与承兑汇票之间的差额部分承担责任。银行为保障自身利益,往往还会约定卖方要将货物交给由其指定的当事人监管,并设定质押,从而涉及监管协议以及流动质押等问题。实践中,当事人还可能在前述基本交易模式基础上另行作出其他约定,只要不违反法律、行政法规的效力性强制性规定,这些约定应当认定有效。

一方当事人因保兑仓交易纠纷提起诉讼的,人民法院应当以保兑仓交易合同作为审理案件的基本依据,但买卖双方没有真实买卖关系的除外。

69.【无真实贸易背景的保兑仓交易】保兑仓交易以买卖双方有真实买卖关系为前提。双方无真实买卖关系的,该交易属于名为保兑仓交易实为借款合同,保兑仓交易因构成虚伪意思表示而无效,被隐藏的借款合同是当事人的真实意思表示,如不存在其他合同无效情形,应当认定有效。保兑仓交易认定为借款合同关系的,不影响卖方和银行之间担保关系的效力,卖方仍应当承担担保责任。

70.【保兑仓交易的合并审理】当事人就保兑仓交易中的不同法律关系的相对方分别或者同时向同一人民法院起诉的,人民法院可以根据民事诉讼法司法解释第221条的规定,合并审理。当事人未起诉某一方当事人的,人民法院可以依职权追加未参加诉讼的当事人为第三人,以便查明相关事实,正确认定责任。

71.【让与担保】债务人或者第三人与债权人订立合同,约定将财产形式上转让至债权人名下,债务人到期清偿债务,债权人将该财产返还给债务人或第三人,债务人到期没有清偿债务,债权人可以对财产拍卖、变卖、折价偿还债权的,人民法院应当认定合同有效。合同如果约定债务人到期没有清偿债务,财产归债权人所有的,人民法院应当认定该部分约定无效,但不影响合同其他部分的效力。

当事人根据上述合同约定,已经完成财产权利变动的公示方式转让至债权人名下,债务人到期没有清偿债务,债权人请求确认财产归其所有的,人民法院不予支持,但债权人请求参照法律关于担保物权的规定对财产拍卖、变卖、折价优先偿还其债权的,人民法院依法予以支持。债务人因到期没有清偿债务,请求对该财产拍卖、变卖、折价偿还所欠债权人合同项下债务的,人民法院亦应依法予以支持。

五、关于金融消费者权益保护纠纷案件的审理

会议认为,在审理金融产品发行人、销售者以及金融服务提供者(以下简称卖方机构)与金融消费者之间因销售各类高风险等级金融产品和为金融消费者参与高风险等级投资活动提供服务而引发的民商事案件中,必须坚持"卖者尽责、买者自负"原则,将金融消费者是否充分了解相关金融产品、投资活动的性质及风险并在此基础上作出自主决定作为应当查明的案件基本事实,依法保护金融消费者的合法权益,规范卖方机构的经营行为,推动形成公开、公平、公正的市场环境和市场秩序。

72.【适当性义务】适当性义务是指卖方机构在向金融消费者推介、销售银行理财产品、保险投资产品、信托理财产品、券商集合理财计划、杠杆基金份额、期权及其他场外衍生品等高风险等级金融产品,以及为金融消费者参与融资融券、新三板、创业板、科创板、期货等高风险等级投资活动提供服务的过程中,必须履行的了解客户、了解产品、将适当的产品(或者服务)销售(或者提供)给适合的金融消费者等义务。卖方机构承担适当性义务的目的是为了确保金融消费者能够在充分了解相关金融产品、投资活动的性质及风险的基础上作出自主决定,并承受由此产生的收益和风险。在推介、销售高风险等级金融产品和提供高风险等级金融服务领域,适当性义务的履行是"卖者尽责"的主要内容,也是"买者自负"的前提和基础。

73.【法律适用规则】在确定卖方机构适当性义务的内容时,应当以合同法、证券法、证券投资基金法、信托法等法律规定的基本原则和国务院发布的规范性文件作为主要依据。相关部门在部门规章、规范性文件中对高风险等级金融产品的推介、销售,以及为金融消费者参与高风险等级投资活动提供服务作出的监管规定,与法律和国务院发布的规范性文件的规定不相抵触的,可以参照适用。

74.【责任主体】金融产品发行人、销售者未尽适当性义务,导致金融消费者在购买金融产品过程中遭受损失的,金融消费者既可以请求金融产品的发行人承担赔偿责任,也可以请求金融产品的销售者承担赔偿责任,还可以根据《民法总则》第167条的规定,请求金融产品的发行人、销售者共同承担连带赔偿责任。发行人、销售者请求人民法院明确各自的责任份额的,人民法院可以在判决发行人、销售者对金融消费者承担连带赔偿责任的同时,明确发行人、销售者在实际承担了赔偿责任后,有权向责任方追偿其应当承担的赔偿份额。

金融服务提供者未尽适当性义务,导致金融消费者在接受金融服务后参与高风险等级投资活动遭受损失的,金融消费者可以请求金融服务提供者承担赔偿责任。

75.【举证责任分配】在案件审理过程中,金融消费者应当对购买产品(或者接受服务)、遭受的损失等事实承担举证责任。卖方机构对其是否履行了适当性义务承担举证责任。卖方机构不能提供其已经建立了金融产品(或者服务)的风险评估及相应管理制度、对金融消费者的风险认知、风险偏好和风险承受能力进行了测试、向金融消费者告知产品(或者服务)的收益和主要风险因素等相关证据的,应当承担举证不能的法律后果。

76.【告知说明义务】告知说明义务的履行是金融消费者能够真正了解各类高风险等级金融产品或者高风险等级投资活动的投资风险和收益的关键,人民法院应当根据产品、投资活动的风险和金融消费者的实际情况,综合理性人能够理解的客观标准和金融消费者能够理解的主观标准来确定卖方机构是否已经履行了告知说明义务。卖方机构简单地以金融消费者手写了诸如"本人明确知悉可能存在本金损失风险"等内容主张其已经履行了告知说明义务,不能提供其他相关证据的,人民法院对其抗辩理由不予支持。

77.【损失赔偿数额】卖方机构未尽适当性义务导致金融消费者损失的,应当赔偿金融消费者所受的实际损失。实际损失为损失的本金和利息,利息按照中国人民银行发布的同期同类存款基准利率计算。

金融消费者因购买高风险等级金融产品或者为参与高风险投资活动接受服务,以卖方机构存在欺诈行为为由,主张卖方机构应当根据《消费者权益保护法》第55条的规定承担惩罚性赔偿责任的,人民法院不予支持。卖方机构的行为构成欺诈的,对金融消费者提出赔偿其支付金钱总额的利息损失请求,应当注意区分不同情况进行处理:

(1)金融产品的合同文本中载明了预期收益率、业绩比较基准或者类似约定的,可以将其作为计算利息损失的标准;

(2)合同文本以浮动区间的方式对预期收益率或者业绩比较基准等进行约定,金融消费者请求按照约定的上限作为利息损失计算标准的,人民法院依法予以支持;

(3)合同文本虽然没有关于预期收益率、业绩比较基准或者类似约定,但金融消费者能够提供证据证明产品发行的广告宣传资料中载明了预期收益率、业绩比较基准或者类似表述的,应当将宣传资料作为合同文本的组成部分;

(4)合同文本及广告宣传资料中未载明预期收益率、业绩比较基准或者类似表述的,按照全国银行间同业拆借中心公布的贷款市场报价利率计算。

78.【免责事由】因金融消费者故意提供虚假信息、拒绝听取卖方机构的建议等自身原因导致其购买产品或者接受服务不适当,卖方机构请求免除相应责任的,人民法院依法予以支持,但金融消费者能够证明该虚假信息的出具系卖方机构误导的除外。卖方机构能够举证证明根据金融消费者的既往投资经验、受教育程度等事实,适当性义务的违反并未影响金融消费者作出自主决定的,对其关于应当由金融消费者自负投资风险的抗辩理由,人民法院依法予以支持。

六、关于证券纠纷案件的审理

(一)关于证券虚假陈述

会议认为,《最高人民法院关于审理证券市场因虚假陈述引发的民事赔偿案件的若干规定》施行以来,证券市场的发展出现了新的情况,证券虚假陈述纠纷案件的审理对司法能力提出了更高的要求。在案件审理过程中,对于需要借助其他学科领域的专业知识进行职业判断的问题,要充分发挥专家证人的作用,使得案件的事实认定符合证券市场的基本常识和普遍认知或者认可的经验法则,责任承担与侵权行为及其主观过错程度相匹配,在切实维护投资者合法权益的同时,通过民事责任追究实现震慑违法的功能,维护公开、公平、公正的资本市场秩序。

79.【共同管辖的案件移送】原告以发行人、上市公司以外的虚假陈述行为人为被告提起诉讼,被告申请追加发行人或者上市公司为共同被告的,人民法院应予准许。人民法院在追加后发现其他有管辖权的人民法院已先行受理因同一虚假陈述引发的民事赔偿案件的,应当按照民事诉讼法司法解释第36条的规定,将案件移送给先立案的人民法院。

80.【案件审理方式】案件审理方式方面,在传统的"一案一立、分别审理"的方式之外,一些人民法院已经进行了将部分案件合并审理、在示范判决基础上委托调解等改革,初步实现了案件审理的集约化和诉讼经济。在认真总结审判实践经验的基础上,有条件的地方人民法院可以选择个案以《民事诉讼法》第54条规定的代表人诉讼方式进行审理,逐步展开试点工作。就案件审理中涉及的适格原告范围认定、公告通知方式、投资者权利登记、代表人推选、执行款项的发放等具体工作,积极协调相关部门和有关方面,推动信息技术审判辅助平台和常态化、可持续的工作机制建设,保障投资者能够便捷、高效、透明和低成本地维护自身合法权益,为构建符合中国国情的证券民事诉讼制度积累审判经验,培养审判队伍。

81.【立案登记】多个投资者就同一虚假陈述向人民法院提起诉讼,可以采用代表人诉讼方式对案件进行审理的,人民法院在登记立案时可以根据原告起诉状中所描述的虚假陈述的数量、性质及其实施日、揭露日或者更正日等时间节点,将投资者作为共同原告统一立案登记。原告主张被告实施了多个虚假陈述的,可以分别立案登记。

82.【案件甄别及程序决定】人民法院决定采用《民事诉讼法》第54条规定的方式审理案件的,在发出公告前,应当先行就被告的行为是否构成虚假陈述,投资者的交易方向与诱多、诱空的虚假陈述是否一致,以及虚假陈述的实施日、揭露日或者更正日等案件基本事实进行审查。

83.【选定代表人】权利登记的期间届满后,人民法院应当通知当事人在指定期间内完成代表人的推选工作。推选不出代表人的,人民法院可以与当事人商定代表人。人民法院在提出人选时,应当将当事人诉讼请求的典型性和利益诉求的份额等作为考量因素,确保代表行为能够充分、公正地表达投资者的诉讼主张。国家设立的投资者保护机构以自己的名义提起诉讼,或者接受投资者的委托指派工作人员或者委托诉讼代理人参与案件审理活动的,人民法院可以商定该机构或者其代理的当事人作为代表人。

84.【揭露日和更正日的认定】虚假陈述的揭露和更正,是指虚假陈述被市场所知悉、了解,其精确程度并不以"镜像规则"为必要,不要求达到全面、完整、准确的程度。原则上,只要交易市场对监管部门立案调查、权威媒体刊载的揭露文章等信息存在着明显的反应,对一方主张市场已经知悉虚假陈述的抗辩,人民法院依法予以支持。

85.【重大性要件的认定】审判实践中,部分人民法院对重大性要件和信赖要件存在着混淆认识,以行政处罚认定的信息披露违法行为对投资者的交易决定没有影响为由否定违法行为的重大性,应当引起注意。重大性是指可能对投资者进行投资决策具有重要影响的信息,虚假陈述已经被监管部门行政处罚的,应当认为是具有重大性的违法行为。在案件审理过程中,对于一方提出的监管部门作出处罚决定的行为不具有重大性的抗辩,人民法院不予支持,同时应当向其释明,该抗辩并非民商事案件的审理范围,应当通过行政复议、行政诉讼加以解决。

(二)关于场外配资

会议认为,将证券市场的信用交易纳入国家统一监管的范围,是维护金融市场透明度和金融稳定的重要内容。不受监管的场外配资业务,不仅盲目扩张了资本市场信用交易的规模,也容易冲击资本市场的交易秩序。融资融券作为证券市场的主要信用交易方式和证券经营机构的核心业务之一,依法属于国家特许经营的金融业务,未经依法批准,任何单位和个人不得非法从事配资业务。

86.【场外配资合同的效力】从审判实践看,场外配资业务主要是指一些P2P公司或者私募类配资公司利用互联网信息技术,搭建起游离于监管体系之外的融资业务平台,将资金融出方、资金融入方即用资人和券商营业部三方连接起来,配资公司利用计算机软件系统的二级分仓功能将其自有资金或者以较低成本融入的资金出借给用资人,赚取利息收入的行为。这些场外配资公司所开展的经营活动,本质上属于只有证券公司才能依法开展的融资活动,不仅规避了监管部门对融资融券业务中资金来源、投资标的、杠杆比例等诸多方面的限制,也加剧了市场的非理性波动。在案件审理过程中,除依法取得融资融券资格的证券公司与客户开展的融资融券业务外,对其他任何单位或者个人与用资人的场外配资合同,人民法院应当根据《证券法》第142条、合同法司法解释(一)第10条的规定,认定为无效。

87.【合同无效的责任承担】场外配资合同被确认无效后,配资方依场外配资合同的约定,请求用资人向其支付约定的利息和费用的,人民法院不予支持。

配资方依场外配资合同的约定,请求分享用资人因使用配资所产生的收益的,人民法院不予支持。

用资人以其因使用配资导致投资损失为由请求配资方予以赔偿的,人民法院不予支持。用资人能够证明因配资方采取更改密码等方式控制账户使得用资人无法及时平仓止损,并据此请求配资方赔偿其因此遭受的损失的,人民法院依法予以支持。

用资人能够证明配资合同是因配资方招揽、劝诱而订立,请求配资方赔偿其全部或者部分损失的,人民法院应当综合考虑配资方招揽、劝诱行为的方式、对用资人的实际影响、用资人自身的投资经历、风险判断和承受能力等因素,判决配资方承担与其过错相适应的赔偿责任。

七、关于营业信托纠纷案件的审理

会议认为,从审判实践看,营业信托纠纷主要表现为事务管理信托纠纷和主动管理信托纠纷两种类型。在事务管理信托纠纷案件中,对信托公司开展和参与的多层嵌套、通道业务、回购承诺等融资活动,要以其实际构成的法律关系确定其效力,并在此基础上依法确定各方的权利义务。在主动管理信托纠纷案件中,应当重点审查受托人在"受人之托,忠人之事"的财产管理过程中,是否恪尽职守,履行了谨慎、有效管理等法定或者约定义务。

88.【营业信托纠纷的认定】信托公司根据法律法规以及金融监督管理部门的监管规定,以取得信托报酬为目的接受委托人的委托,以受托人身份处理信托事务的经营行为,属于营业信托。由此产生的信托当事人之间的纠纷,为营业信托纠纷。

根据《关于规范金融机构资产管理业务的指导意见》的规定,其他金融机构开展的资产管理业务构成信托关系的,当事人之间的纠纷适用信托法及其他有关规定处理。

89.【资产或者资产收益权转让及回购】信托公司在资金信托成立后,以募集的信托资金受让特定资产或者特定资产收益权,属于信托公司在资金依法募集后的资金运用行为,由此引发的纠纷不应当认定为营业信托纠纷。如果合同中约定由转让方或者其指定的第三方在一定期间后以交易本金加上溢价款等固定价款无条件回购的,无论转让方所转让的标的物是否真实存在、是否实际交付或者过户,只要合同不存在法定无效事由,对信托公司提出的由转让方或者其指定的第三方按约定承担责任的诉讼请求,人民法院依法予以支持。

当事人在相关合同中同时约定采用信托公司受让目标公司股权、向目标公司增资方式并以相应股权担保债权实现的,应当认定在当事人之间成立让与担保法律关系。当事人之间的具体权利义务,根据本纪要第71条的规定加以确定。

90.【劣后级受益人的责任承担】信托文件及相关合同将受益人区分为优先级受益人和劣后级受益人等不同类别,约定优先级受益人以其财产认购信托计划份额,在信托到期后,劣后级受益人负有对优先级受益人从信托财产获得利益与其投资本金及约定收益之间的差额承担补足义务,优先级受益人请求劣后级受益人按照约定承担责任的,人民法院依法予以支持。

信托文件中关于不同类型受益人权利义务关系的约定,不影响受益人与受托人之间信托法律关系的认定。

91.【增信文件的性质】信托合同之外的当事人提供第三方差额补足、代为履行到期回购义务、流动性支持等类似承诺文件作为增信措施,其内容符合法律关于保证的规定的,人民法院应当认定当事人之间成立保证合同关系。其内容不符合法律关于保证的规定的,依据承诺文件的具体内容确定相应的权利义务关系,并根据案件事实情况确定相应的民事责任。

92.【保底或者刚兑条款无效】信托公司、商业银行等金融机构作为资产管理产品的受托人与受益人订立的含有保证本息固定回报、保证本金不受损失等保底或者刚兑条款的合同,人民法院应当认定该条款无效。受益人请求受托人对其损失承担与其过错相适应的赔偿责任的,人民法院依法予以支持。

实践中,保底或者刚兑条款通常不在资产管理产品合同中明确约定,而是以"抽屉协议"或者其他方式约定,不管形式如何,均应认定无效。

93.【通道业务的效力】当事人在信托文件中约定,委托人自主决定信托设立、信托财产运用对象、信托财产管理运用处分方式等事宜,自行承担信托资产的风险管理责任和相应风险损失,受托人仅提供必要的事务协助或者服务,不承担主动管理职责的,应当认定为通道业务。《中国人民银行、中国银行保险监督管理委员会、中国证券监督管理委员会、国家外汇管理局关于规范金融机构资产管理业务的指导意见》第22条在规定"金融机构不得为其他金融机构的资产管理产品提供规避投资范围、杠杆约束等监管要求的通道服务"的同时,也在第29条明确按照"新老划断"原则,将过渡期设置为截至2020年底,确保平稳过渡。在过渡期内,对通道业务中存在的利用信托通道掩盖风险,规避资金投向、资产分类、拨备计提和资本占用等监管规定,或者通过信托通道将表内资产虚假出表等信托业务,如果不存在其他无效事由,一方以信托目的违法违规为由请求确认无效的,人民法院不予支持。至于委托人和受托人之间的权利义务关系,应当依据信托文件的约定加以确定。

94.【受托人的举证责任】资产管理产品的委托人以受托人未履行勤勉尽责、公平对待客户等义务损害其合法权益为由,请求受托人承担损害赔偿责任的,应当由受托人举证证明其已经履行了义务。受托人不能举证证明,委托人请求其承担相应赔偿责任的,人民法院依法予以支持。

95.【信托财产的诉讼保全】信托财产在信托存续期间独立于委托人、受托人、受益人各自的固有财产。委托人将其财产委托给受托人进行管理,在信托依法设立后,该信托财产即独立于委托人未设立信托的其他固有财产。受托人因承诺信托而取得的信托财产,以及通过对信托财产的管理、运用、处分等方式取得的财产,均独立于受托人的固有财产。受益人对信托财产享有的权利表现为信托受益权,信托财产并非受益人的责任财产。因此,当事人因其与委托人、受托人或者受益人之间的纠纷申请对存管银行或者信托公司专门账户中的信托资金采取保全措施的,除符合《信托法》第17条规定的情形外,人民法院不应当准许。已经采取保全措施的,存管银行或者信托公司能够提供证据证明该账户为信托账户的,应当立即解除保全措施。对信托公司管理的其他信托财产的保全,也应当根据前述规则办理。

当事人申请对受益人的受益权采取保全措施的,人民法院应当根据《信托法》第47条的规定进行审查,决定是否采取保全措施。决定采取保全措施的,应当将保全裁定送达受托人和受益人。

96.【信托公司固有财产的诉讼保全】除信托公司作为被告外,原告申请对信托公司固有资金账户的资金采取保全措施的,人民法院不应准许。信托公司作为被告,确有必要对其固有财产采取诉讼保全措施的,必须强化善意执行理念,防范发生金融风险。要严格遵守相应的适用条件与法定程序,坚决杜绝超标的执行。在采取具体保全措施时,要尽量寻求依法平等保护各方利益的平衡点,优先采取方便执行且对信托公司正常经营影响最小的执行措施,能采取"活封""活扣"措施的,尽量不进行"死封""死扣"。在条件允许的情况下,可以为信托公司预留必要的流动资金和往来账户,最大限度降低对信托公司正常经营活动的不利影响。信托公司申请解除财产保全符合法律、司法解释规定情形的,应当在法定期限内及时解除保全措施。

八、关于财产保险合同纠纷案件的审理

会议认为,妥善审理财产保险合同纠纷案件,对于充分发挥保险的风险管理和保障功能,依法保护各方当事人合法权益,实现保险业持续健康发展和服务实体经济,具有重大意义。

97.【未依约支付保险费的合同效力】当事人在财产保险合同中约定以投保人支付保险费作为合同生效条件,但对该生效条件是否为全额支付保险费约定不明,已经支付了部分保险费的投保人主张保险合同已经生效的,人民法院依法予以支持。

98.【仲裁协议对保险人的效力】被保险人和第三者在保险事故发生前达成的仲裁协议,对行使保险代位求偿权的保险人是否具有约束力,实务中存在争议。保险代位求偿权是一种法定债权转让,保险人在向被保险人赔偿保险金后,有权行使被保险人对第三者请求赔偿的权利。被保险人和第三者在保险事故发生前达成的仲裁协议,对保险人具有约束力。考虑到涉外民商事案件的处理常常涉及国际条约、国际惯例的适用,相关问题具有特殊性,故具有涉外因素的民商事纠纷案件中该问题的处理,不纳入本条规范的范围。

99.【直接索赔的诉讼时效】商业责任保险的被保险人给第三者造成损害,被保险人对第三者应当承担的赔偿责任确定后,保险人应当根据被保险人的请求,直接向第三者赔偿保险金。被保险人怠于提出请求的,第三者有权依据《保险法》第65条第2款的规定,就其应获赔偿部分直接向保险人请求赔偿保险金。保险人拒绝赔偿的,第三者请求保险人直接赔偿保险金的诉讼时效期间的起算时间如何认定,实务中存在争议。根据诉讼时效制度的基本原理,第三者请求保险人直接赔偿保险金的诉讼时效期间,自其知道或者应当知道向保险人的保险金赔偿请求权行使条件成就之日起计算。

九、关于票据纠纷案件的审理

会议认为,人民法院在审理票据纠纷案件时,应当注意区分票据的种类和功能,正确理解票据行为无因性的立法目的,在维护票据流通性功能的同时,依法认定票据行为的效力,依法确认当事人之间的权利义务关系以及保护合法持票人的权益,防范和化解票据融资市场风险,维护票据市场的交易安全。

100.【合谋伪造贴现申请材料的后果】贴现行的负责人或者有权从事该业务的工作人员与贴现申请人合谋,伪造贴现申请人与其前手之间具有真实的商品交易关系的合同、增值税专用发票等材料申请贴现,贴现行主张其享有票据权利的,人民法院不予支持。对贴现行因支付资金而产生的损失,按照基础关系处理。

101.【民间贴现行为的效力】票据贴现属于国家特许经营业务,合法持票人向不具有法定贴现资质的当事人进行"贴现"的,该行为应当认定无效,贴现款和票据应当相互返还。当事人不能返还票据的,原合法持票人可以拒绝返还贴现款。人民法院在民商事案件审理过程中,发现不具有法定资质的当事人以"贴现"为业的,因该行为涉嫌犯罪,应当将有关材料移送公安机关。民商事案件的审理必须以相关刑事案件的审理结果为依据的,应当中止诉讼,待刑事案件审结后,再恢复案件的审理。案件的基本事实无须以相关刑事案件的审理结果为依据的,人民法院应当继续审理。

根据票据行为无因性原理,在合法持票人向不具有贴现资质的主体进行"贴现",该"贴现"人给付贴现款后直接将票据交付其后手,其后手支付对价并记载自己为被背书人后,又基于真实的交易关系和债权债务关系将票据进行背书转让的情形下,应当认定最后持票人为合法持票人。

102.【转贴现协议】转贴现是通过票据贴现持有票据的商业银行为了融通资金,在票据到期日之前将票据权利转让给其他商业银行,由转贴现行在收取一定的利息后,将转贴现款支付给持票人的票据转让行为。转贴现行提示付款被拒付后,依据转贴现协议的约定,请求未在票据上背书的转贴现申请人按照合同法律关系返还转贴现款并赔偿损失的,案由应当确定为合同纠纷。转贴现合同法律关系有效成立的,对于原告的诉讼请求,人民法院依法予以支持。当事人虚构转贴现事实,或者当事人之间不存在真实的转贴现合同法律关系的,人民法院应当向当事人释明按照真实交易关系提出诉讼请求,并按照真实交易关系和当事人约定本意依法确定当事人的责任。

103.【票据清单交易、封包交易案件中的票据权利】审判实践中,以票据贴现为手段的多链条融资模式引发的案件应当引起重视。这种交易俗称票据清单交易、封包交易,是指商业银行之间就案涉票据订立转贴现或者回购协议,附以票据清单,或者将票据封包作为质押,双方约定按照票据清单中列明的基本信息进行票据转贴现或者回购,但往往并不进行票据交付和背书。实务中,双方还往往再订立一份代保管协议,约定由原票据持有人代对方继续持有票据,从而实现合法、合规的形式要求。

出资银行仅以参与交易的单个或者部分银行为被告提起诉讼行使票据追索权,被告能够举证证明票据交易存在诸如不符合正常转贴现交易顺序的倒打款、未进行背书转让、票据未实际交付等相关证据,并据此主张相关金融机构之间并无转贴现的真实意思表示,抗辩出资银行不享有票据权利的,人民法院依法予以支持。

出资银行在取得商业承兑汇票后又将票据转贴现给其他商业银行,持票人向其前手主张票据权利的,人民法院依法予以支持。

104.【票据清单交易、封包交易案件的处理原则】在村镇银行、农信社等作为直贴行,农信社、农商行、城商行、股份制银行等多家金融机构共同开展以商业承兑汇票为基础的票据清单交易、封包交易引发的纠纷案件中,在商业承兑汇票的出票人等实际用资人不能归还票款的情况下,为实现纠纷的一次性解决,出资银行以实际用资人和参与交易的其他金融机构为共同被告,请求实际用资人归还本息、参与交易的其他金融机构承担与其过错相适应的赔偿责任的,人民法院依法予以支持。

出资银行仅以整个交易链条的部分当事人为被告提起诉讼的,人民法院应当向其释明,其应当申请追加参与交易的其他当事人作为共同被告。出资银行拒绝追加实际用资人为被告的,人民法院应当驳回其诉讼请求;出资银行拒绝追加参与交易的其他金融机构为被告的,人民法院在确定其他金融机构的过错责任范围时,应当将未参加诉讼的当事人应当承担的相应份额作为考量因素,相应减轻本案当事人的责任。在确定参与交易的其他金融机构的过错责任范围时,可以参照其收取的"通道费""过桥费"等费用的比例以及案件的其他情况综合加以确定。

105.【票据清单交易、封包交易案件中的民刑交叉问题】人民法院在案件审理过程中,如果发现公安机关已经就实际用资人、直贴行、出资银行的工作人员涉嫌骗取票据承兑罪、伪造印章罪等立案侦查,一方当事人根据《最高人民法院关于在审理经济纠纷案件中涉及经济犯罪嫌疑若干问题的规定》第11条的规定申请将案件移送公安机关的,因该节事实对于查明出资银行是否为正当持票人,以及参与交易的其他金融机构的抗辩理由能否成立存在重要关联,人民法院应当将有关材料移送公安机关。民商事案件的审理必须以相关刑事案件的审理结果为依据的,应当中止诉讼,待刑事案件审结后,再恢复案件的审理。案件的基本事实无须以相关刑事案件的审理结果为依据的,人民法院应当继续案件的审理。

参与交易的其他商业银行以公安机关已经对其工作人员涉嫌受贿、伪造印章等犯罪立案侦查为由请求将案件移送公安机关的,因该节事实并不影响相关当事人民事责任的承担,人民法院应当根据《最高人民法院关于在审理经济纠纷案件中涉及经济犯罪嫌疑若干问题的规定》第10条的规定继续审理。

106.【恶意申请公示催告的救济】公示催告程序本为对合法持票人进行失票救济所设,但实践中却沦为部分票据出卖方在未获得票款情形下,通过伪报票据丧失事实申请公示催告、阻止合法持票人行使票据权利的工具。对此,民事诉讼法司法解释已经作出了相应规定。适用时,应当区别付款人是否已经付款等情形,作出不同认定:

(1)在除权判决作出后,付款人尚未付款的情况下,最后合法持票人可以根据《民事诉讼法》第223条的规定,在法定期限内请求撤销除权判决,待票据恢复效力后再依法行使票据权利。最后合法持票人也可以基于基础法律关系向其直接前手退票并请求其直接前手另行给付基础法律关系项下的对价。

(2)除权判决作出后,付款人已经付款的,因恶意申请公示催告并持除权判决获得票款的行为损害了最后合法持票人的权利,最后合法持票人请求申请人承担侵权损害赔偿责任的,人民法院依法予以支持。

十、关于破产纠纷案件的审理

会议认为,审理好破产案件对于推动高质量发展、深化供给侧结构性改革、营造稳定公平透明可预期的营商环境,具有十分重要的意义。要继续深入推进破产审判工作的市场化、法治化、专业化、信息化,充分发挥破产审判公平清理债权债务、促进优胜劣汰、优化资源配置、维护市场经济秩序等重要功能。一是要继续加大对破产保护理念的宣传和落实,及时发挥破产重整制度的积极拯救功能,通过平衡债权人、债务人、出资人、员工等利害关系人的利益,实现社会整体价值最大化;注重发挥和解程序简便快速清理债权债务关系的功能,鼓励当事人通过和解程序或者达成自行和解的方式实现各方利益共赢;积极推进清算程序中的企业整体处置方式,有效维护企业营运价值和职工就业。二是要推进不符合国家产业政策、丧失经营价值的企业主体尽快从市场退出,通过依法简化破产清算程序流程加快对"僵尸企业"的清理。三是要注重提升破产制度实施的经济效益,降低破产程序运行的时间和成本,有效维护企业营运价值,最大程度发挥各类要素和资源潜力,减少企业破产给社会经济造成的损害。四是要积极稳妥进行实践探索,加强理论研究,分步骤、有重点地推进建立自然人破产制度,进一步推动健全市场主体退出制度。

107.【继续推动破产案件的及时受理】充分发挥破产重整案件信息网的线上预约登记功能,提高破产案件的受理效率。当事人提出破产申请的,人民法院不得以非法定理由拒绝接收破产申请材料。如果可能影响社会稳定的,要加强府院协调,制定相应预案,但不应当以"影响社会稳定"之名,行消极不作为之实。破产申请材料不完备的,立案部门应当告知当事人在指定期限内补充材料,待材料齐备后以"破申"作为案件类型代字编制案号登记立案,并及时将案件移送破产审判部门进行破产审查。

注重发挥破产和解制度简便快速清理债权债务关系的功能,债务人根据《企业破产法》第95条的规定,直接提出和解申请,或者在破产申请受理后宣告破产前申请和解的,人民法院应当依法受理并及时作出是否批准的裁定。

108.【破产申请的不予受理和撤回】人民法院裁定受理破产申请前,提出破产申请的债权人的债权因清偿或者其他原因消灭的,因申请人不再具备申请资格,人民法院应当裁定不予受理。但该裁定不影响其他符合条件的主体再次提出破产申请。破产申请受理后,管理人以上述清偿符合《企业破产法》第 31 条、第 32 条为由请求撤销的,人民法院查实后应当予以支持。

人民法院裁定受理破产申请系对债务人具有破产原因的初步认可,破产申请受理后,申请人请求撤回破产申请的,人民法院不予准许。除非存在《企业破产法》第 12 条第 2 款规定的情形,人民法院不得裁定驳回破产申请。

109. 【受理后债务人财产保全措施的处理】要切实落实破产案件受理后相关保全措施应予解除、相关执行措施应当中止、债务人财产应当及时交付管理人等规定,充分运用信息化技术手段,通过信息共享与整合,维护债务人财产的完整性。相关人民法院拒不解除保全措施或者拒不中止执行的,破产受理人民法院可以请求该法院的上级人民法院依法予以纠正。对债务人财产采取保全措施或者执行措施的人民法院未依法及时解除保全措施、移交处置权,或者中止执行程序并移交有关财产的,上级人民法院应当依法予以纠正。相关人员违反上述规定造成严重后果的,破产受理人民法院可以向人民法院纪检监察部门移送其违法审判责任线索。

人民法院审理企业破产案件时,有关债务人财产被其他具有强制执行权力的国家行政机关,包括税务机关、公安机关、海关等采取保全措施或者执行程序的,人民法院应当积极与上述机关进行协调和沟通,取得有关机关的配合,参照上述具体操作规程,解除有关保全措施,中止有关执行程序,以便保障破产程序顺利进行。

110. 【受理后有关债务人诉讼的处理】人民法院受理破产申请后,已经开始而尚未终结的有关债务人的民事诉讼,在管理人接管债务人财产和诉讼事务后继续进行。债权人已经对债务人提起的给付之诉,破产申请受理后,人民法院应当继续审理,但是在判定相关当事人实体权利义务时,应当注意与企业破产法及其司法解释的规定相协调。

上述裁判作出并生效前,债权人可以同时向管理人申报债权,但其作为债权尚未确定的债权人,原则上不得行使表决权,除非人民法院临时确定其债权额。上述裁判生效后,债权人应当根据裁判认定的债权数额在破产程序中依法统一受偿,其对债务人享有的债权利息应当按照《企业破产法》第46条第2款的规定停止计算。

人民法院受理破产申请后,债权人新提起的要求债务人清偿的民事诉讼,人民法院不予受理,同时告知债权人应当向管理人申报债权。债权人申报债权后,对管理人编制的债权表记载有异议的,可以根据《企业破产法》第58条的规定提起债权确认之诉。

111.【债务人自行管理的条件】重整期间,债务人同时符合下列条件的,经申请,人民法院可以批准债务人在管理人的监督下自行管理财产和营业事务:

(1)债务人的内部治理机制仍正常运转;

(2)债务人自行管理有利于债务人继续经营;

(3)债务人不存在隐匿、转移财产的行为;

(4)债务人不存在其他严重损害债权人利益的行为。

债务人提出重整申请时可以一并提出自行管理的申请。经人民法院批准由债务人自行管理财产和营业事务的,企业破产法规定的管理人职权中有关财产管理和营业经营的职权应当由债务人行使。

管理人应当对债务人的自行管理行为进行监督。管理人发现债务人存在严重损害债权人利益的行为或者有其他不适宜自行管理情形的,可以申请人民法院做出终止债务人自行管理的决定。人民法院决定终止的,应当通知管理人接管债务人财产和营业事务。债务人有上述行为而管理人未申请人民法院做出终止决定的,债权人等利害关系人可以向人民法院提出申请。

112.【重整中担保物权的恢复行使】重整程序中,要依法平衡保护担保物权人的合法权益和企业重整价值。重整申请受理后,管理人或者自行管理的债务人应当及时确定设定有担保物权的债务人财产是否为重整所必需。如果认为担保物不是重整所必需,管理人或者自行管理的债务人应当及时对担保物进行拍卖或者变卖,拍卖或者变卖担保物所得价款在支付拍卖、变卖费用后优先清偿担保物权人的债权。

在担保物权暂停行使期间,担保物权人根据《企业破产法》第75条的规定向人民法院请求恢复行使担保物权的,人民法院应当自收到恢复行使担保物权申请之日起三十日内作出裁定。经审查,担保物权人的申请不符合第75条的规定,或者虽然符合该条规定但管理人或者自行管理的债务人有证据证明担保物是重整所必需,并且提供与减少价值相应担保或者补偿的,人民法院应当裁定不予批准恢复行使担保物权。担保物权人不服该裁定的,可以自收到裁定书之日起十日内,向作出裁定的人民法院申请复议。人民法院裁定批准行使担保物权的,管理人或者自行管理的债务人应当自收到裁定书之日起十五日内启动对担保物的拍卖或者变卖,拍卖或者变卖担保物所得价款在支付拍卖、变卖费用后优先清偿担保物权人的债权。

113.【重整计划监督期间的管理人报酬及诉讼管辖】要依法确保重整计划的执行和有效监督。重整计划的执行期间和监督期间原则上应当一致。二者不一致的,人民法院在确定和调整重整程序中的管理人报酬方案时,应当根据重整期间和重整计划监督期间管理人工作量的不同予以区别对待。其中,重整期间的管理人报酬应当根据管理人对重整发挥的实际作用等因素予以确定和支付;重整计划监督期间管理人报酬的支付比例和支付时间,应当根据管理人监督职责的履行情况,与债权人按照重整计划实际受偿比例和受偿时间相匹配。

重整计划执行期间,因重整程序终止后新发生的事实或者事件引发的有关债务人的民事诉讼,不适用《企业破产法》第21条有关集中管辖的规定。除重整计划有明确约定外,上述纠纷引发的诉讼,不再由管理人代表债务人进行。

114.【重整程序与破产清算程序的衔接】重整期间或者重整计划执行期间,债务人因法定事由被宣告破产的,人民法院不再另立新的案号,原重整程序的管理人原则上应当继续履行破产清算程序中的职责。原重整程序的管理人不能继续履行职责或者不适宜继续担任管理人的,人民法院应当依法重新指定管理人。

重整程序转破产清算案件中的管理人报酬,应当综合管理人为重整工作和清算工作分别发挥的实际作用等因素合理确定。重整期间因法定事由转入破产清算程序的,应当按照破产清算案件确定管理人报酬。重整计划执行期间因法定事由转入破产清算程序的,后续破产清算阶段的管理人报酬应当根据管理人实际工作量予以确定,不能简单根据债务人最终清偿的财产价值总额计算。

重整程序因人民法院裁定批准重整计划草案而终止的,重整案件可作结案处理。重整计划执行完毕后,人民法院可以根据管理人等利害关系人申请,作出重整程序终结的裁定。

115.【庭外重组协议效力在重整程序中的延伸】继续完善庭外重组与庭内重整的衔接机制,降低制度性成本,提高破产制度效率。人民法院受理重整申请前,债务人和部分债权人已经达成的有关协议与重整程序中制作的重整计划草案内容一致的,有关债权人对该协议的同意视为对该重整计划草案表决的同意。但重整计划草案对协议内容进行了修改并对有关债权人有不利影响,或者与有关债权人重大利益相关的,受到影响的债权人有权按照企业破产法的规定对重整计划草案重新进行表决。

116.【审计、评估等中介机构的确定及责任】要合理区分人民法院和管理人在委托审计、评估等财产管理工作中的职责。破产程序中确实需要聘请中介机构对债务人财产进行审计、评估的,根据《企业破产法》第28条的规定,经人民法院许可后,管理人可以自行公开聘请,但是应当对其聘请的中介机构的相关行为进行监督。上述中介机构因不当履行职责给债务人、债权人或者第三人造成损害的,应当承担赔偿责任。管理人在聘用过程中存在过错的,应当在其过错范围内承担相应的补充赔偿责任。

117.【公司解散清算与破产清算的衔接】要依法区分公司解散清算与破产清算的不同功能和不同适用条件。债务人同时符合破产清算条件和强制清算条件的,应当及时适用破产清算程序实现对债权人利益的公平保护。债权人对符合破产清算条件的债务人提起公司强制清算申请,经人民法院释明,债权人仍然坚持申请对债务人强制清算的,人民法院应当裁定不予受理。

118.【无法清算案件的审理与责任承担】人民法院在审理债务人相关人员下落不明或者财产状况不清的破产案件时,应当充分贯彻债权人利益保护原则,避免债务人通过破产程序不当损害债权人利益,同时也要避免不当突破股东有限责任原则。

人民法院在适用《最高人民法院关于债权人对人员下落不明或者财产状况不清的债务人申请破产清算案件如何处理的批复》第3款的规定,判定债务人相关人员承担责任时,应当依照企业破产法的相关规定来确定相关主体的义务内容和责任范围,不得根据公司法司法解释(二)第18条第2款的规定来判定相关主体的责任。

上述批复第3款规定的"债务人的有关人员不履行法定义务,人民法院可依据有关法律规定追究其相应法律责任",系指债务人的法定代表人、财务管理人员和其他经营管理人员不履行《企业破产法》第15条规定的配合清算义务,人民法院可以根据《企业破产法》第126条、第127条追究其相应法律责任,或者参照《民事诉讼法》第111条的规定,依法拘留,构成犯罪的,依法追究刑事责任;债务人的法定代表人或者实际控制人不配合清算的,人民法院可以依据《出境入境管理法》第12条的规定,对其作出不准出境的决定,以确保破产程序顺利进行。

上述批复第3款规定的"其行为导致无法清算或者造成损失",系指债务人的有关人员不配合清算的行为导致债务人财产状况不明,或者依法负有清算责任的人未依照《企业破产法》第7条第3款的规定及时履行破产申请义务,导致债务人主要财产、账册、重要文件等灭失,致使管理人无法执行清算职务,给债权人利益造成损害。"有关权利人起诉请求其承担相应民事责任",系指管理人请求上述主体承担相应损害赔偿责任并将因此获得的赔偿归入债务人财产。管理人未主张上述赔偿,个别债权人可以代表全体债权人提起上述诉讼。

上述破产清算案件被裁定终结后,相关主体以债务人主要财产、账册、重要文件等重新出现为由,申请对破产清算程序启动审判监督的,人民法院不予受理,但符合《企业破产法》第123条规定的,债权人可以请求人民法院追加分配。

十一、关于案外人救济案件的审理

案外人救济案件包括案外人申请再审、案外人执行异议之诉和第三人撤销之诉三种类型。修改后的民事诉讼法在保留案外人执行异议之诉及案外人申请再审的基础上,新设立第三人撤销之诉制度,在为案外人权利保障提供更多救济渠道的同时,因彼此之间错综复杂的关系也容易导致认识上的偏差,有必要厘清其相互之间的关系,以便正确适用不同程序,依法充分保护各方主体合法权益。

119.【案外人执行异议之诉的审理】案外人执行异议之诉以排除对特定标的物的执行为目的,从程序上而言,案外人依据《民事诉讼法》第227条提出执行异议被驳回的,即可向执行人民法院提起执行异议之诉。人民法院对执行异议之诉的审理,一般应当就案外人对执行标的物是否享有权利、享有什么样的权利、权利是否足以排除强制执行进行判断。至于是否作出具体的确权判项,视案外人的诉讼请求而定。案外人未提出确权或者给付诉讼请求的,不作出确权判项,仅在裁判理由中进行分析判断并作出是否排除执行的判项即可。但案外人既提出确权、给付请求,又提出排除执行请求的,人民法院对该请求是否支持、是否排除执行,均应当在具体判项中予以明确。执行异议之诉不以否定作为执行依据的生效裁判为目的,案外人如认为裁判确有错误的,只能通过申请再审或者提起第三人撤销之诉的方式进行救济。

120.【债权人能否提起第三人撤销之诉】第三人撤销之诉中的第三人仅局限于《民事诉讼法》第56条规定的有独立请求权及无独立请求权的第三人,而且一般不包括债权人。但是,设立第三人撤销之诉的目的在于,救济第三人享有的因不能归责于本人的事由未参加诉讼但因生效裁判文书内容错误受到损害的民事权益,因此,债权人在下列情况下可以提起第三人撤销之诉:

(1)该债权是法律明确给予特殊保护的债权,如《合同法》第286条规定的建设工程价款优先受偿权,《海商法》第22条规定的船舶优先权;

(2)因债务人与他人的权利义务被生效裁判文书确定,导致债权人本来可以对《合同法》第74条和《企业破产法》第31条规定的债务人的行为享有撤销权而不能行使的;

(3)债权人有证据证明,裁判文书主文确定的债权内容部分或者全部虚假的。

债权人提起第三人撤销之诉还要符合法律和司法解释规定的其他条件。对于除此之外的其他债权,债权人原则上不得提起第三人撤销之诉。

121.【必要共同诉讼漏列的当事人申请再审】民事诉讼法司法解释对必要共同诉讼漏列的当事人申请再审规定了两种不同的程序,二者在管辖法院及申请再审期限的起算点上存在明显差别,人民法院在审理相关案件时应予注意:

(1)该当事人在执行程序中以案外人身份提出异议,异议被驳回的,根据民事诉讼法司法解释第423条的规定,其可以在驳回异议裁定送达之日起6个月内向原审人民法院申请再审;

(2)该当事人未在执行程序中以案外人身份提出异议的,根据民事诉讼法司法解释第422条的规定,其可以根据《民事诉讼法》第200条第8项的规定,自知道或者应当知道生效裁判之日起6个月内向上一级人民法院申请再审。当事人一方人数众多或者当事人双方为公民的案件,也可以向原审人民法院申请再审。

122.【程序启动后案外人不享有程序选择权】案外人申请再审与第三人撤销之诉功能上近似,如果案外人既有申请再审的权利,又符合第三人撤销之诉的条件,对于案外人是否可以行使选择权,民事诉讼法司法解释采取了限制的司法态度,即依据民事诉讼法司法解释第303条的规定,按照启动程序的先后,案外人只能选择相应的救济程序:案外人先启动执行异议程序的,对执行异议裁定不服,认为原裁判内容错误损害其合法权益的,只能向作出原裁判的人民法院申请再审,而不能提起第三人撤销之诉;案外人先启动了第三人撤销之诉,即便在执行程序中又提出执行异议,也只能继续进行第三人撤销之诉,而不能依《民事诉讼法》第227条申请再审。

123.【案外人依据另案生效裁判对非金钱债权的执行提起执行异议之诉】审判实践中,案外人有时依据另案生效裁判所认定的与执行标的物有关的权利提起执行异议之诉,请求排除对标的物的执行。此时,鉴于作为执行依据的生效裁判与作为案外人提出执行异议依据的生效裁判,均涉及对同一标的物权属或给付的认定,性质上属于两个生效裁判所认定的权利之间可能产生的冲突,人民法院在审理执行异议之诉时,需区别不同情况作出判断:如果作为执行依据的生效裁判是确权裁判,不论作为执行异议依据的裁判是确权裁判还是给付裁判,一般不应据此排除执行,但人民法院应当告知案外人对作为执行依据的确权裁判申请再审;如果作为执行依据的生效裁判是给付标的物的裁判,而作为提出异议之诉依据的裁判是确权裁判,一般应据此排除执行,此时人民法院应告知其对该确权裁判申请再审;如果两个裁判均属给付标的物的裁判,人民法院需依法判断哪个裁判所认定的给付权利具有优先性,进而判断是否可以排除执行。

124.【案外人依据另案生效裁判对金钱债权的执行提起执行异议之诉】作为执行依据的生效裁判并未涉及执行标的物,只是执行中为实现金钱债权对特定标的物采取了执行措施。对此种情形,《最高人民法院关于人民法院办理执行异议和复议案件若干问题的规定》第26条规定了解决案外人执行异议的规则,在审理执行异议之诉时可以参考适用。依据该条规定,作为案外人提起执行异议之诉依据的裁判将执行标的物确权给案外人,可以排除执行;作为案外人提起执行异议之诉依据的裁判,未将执行标的物确权给案外人,而是基于不以转移所有权为目的的有效合同(如租赁、借用、保管合同),判令向案外人返还执行标的物的,其性质属于物权请求权,亦可以排除执行;基于以转移所有权为目的有效合同(如买卖合同),判令向案外人交付标的物的,其性质属于债权请求权,不能排除执行。

应予注意的是,在金钱债权执行中,如果案外人提出执行异议之诉依据的生效裁判认定以转移所有权为目的的合同(如买卖合同)无效或应当解除,进而判令向案外人返还执行标的物的,此时案外人享有的是物权性质的返还请求权,本可排除金钱债权的执行,但在双务合同无效的情况下,双方互负返还义务,在案外人未返还价款的情况下,如果允许其排除金钱债权的执行,将会使申请执行人既执行不到被执行人名下的财产,又执行不到本应返还给被执行人的价款,显然有失公允。为平衡各方当事人的利益,只有在案外人已经返还价款的情况下,才能排除普通债权人的执行。反之,案外人未返还价款的,不能排除执行。

125.【案外人系商品房消费者】实践中,商品房消费者向房地产开发企业购买商品房,往往没有及时办理房地产过户手续。房地产开发企业因欠债而被强制执行,人民法院在对尚登记在房地产开发企业名下但已出卖给消费者的商品房采取执行措施时,商品房消费者往往会提出执行异议,以排除强制执行。对此,《最高人民法院关于人民法院办理执行异议和复议案件若干问题的规定》第29条规定,符合下列情形的,应当支持商品房消费者的诉讼请求:一是在人民法院查封之前已签订合法有效的书面买卖合同;二是所购商品房系用于居住且买受人名下无其他用于居住的房屋;三是已支付的价款超过合同约定总价款的百分之五十。人民法院在审理执行异议之诉案件时,可参照适用此条款。

问题是,对于其中"所购商品房系用于居住且买受人名下无其他用于居住的房屋"如何理解,审判实践中掌握的标准不一。"买受人名下无其他用于居住的房屋",可以理解为在案涉房屋同一设区的市或者县级市范围内商品房消费者名下没有用于居住的房屋。商品房消费者名下虽然已有1套房屋,但购买的房屋在面积上仍然属于满足基本居住需要的,可以理解为符合该规定的精神。

对于其中"已支付的价款超过合同约定总价款的百分之五十"如何理解,审判实践中掌握的标准也不一致。如果商品房消费者支付的价款接近于百分之五十,且已按照合同约定将剩余价款支付给申请执行人或者按照人民法院的要求交付执行的,可以理解为符合该规定的精神。

126.【商品房消费者的权利与抵押权的关系】根据《最高人民法院关于建设工程价款优先受偿权问题的批复》第1条、第2条的规定,交付全部或者大部分款项的商品房消费者的权利优先于抵押权人的抵押权,故抵押权人申请执行登记在房地产开发企业名下但已销售给消费者的商品房,消费者提出执行异议的,人民法院依法予以支持。但应当特别注意的是,此情况是针对实践中存在的商品房预售不规范现象为保护消费者生存权而作出的例外规定,必须严格把握条件,避免扩大范围,以免动摇抵押权具有优先性的基本原则。因此,这里的商品房消费者应当仅限于符合本纪要第125条规定的商品房消费者。买受人不是本纪要第125条规定的商品房消费者,而是一般的房屋买卖合同的买受人,不适用上述处理规则。

127.【案外人系商品房消费者之外的一般买受人】金钱债权执行中,商品房消费者之外的一般买受人对登记在被执行人名下的不动产提出异议,请求排除执行的,《最高人民法院关于人民法院办理执行异议和复议案件若干问题的规定》第 28 条规定,符合下列情形的依法予以支持:一是在人民法院查封之前已签订合法有效的书面买卖合同;二是在人民法院查封之前已合法占有该不动产;三是已支付全部价款,或者已按照合同约定支付部分价款且将剩余价款按照人民法院的要求交付执行;四是非因买受人自身原因未办理过户登记。人民法院在审理执行异议之诉案件时,可参照适用此条款。

实践中,对于该规定的前 3 个条件,理解并无分歧。对于其中的第 4 个条件,理解不一致。一般而言,买受人只要有向房屋登记机构递交过户登记材料,或向出卖人提出了办理过户登记的请求等积极行为的,可以认为符合该条件。买受人无上述积极行为,其未办理过户登记有合理的客观理由的,亦可认定符合该条件。

十二、关于民刑交叉案件的程序处理

会议认为,近年来,在民间借贷、P2P 等融资活动中,与涉嫌诈骗、合同诈骗、票据诈骗、集资诈骗、非法吸收公众存款等犯罪有关的民商事案件的数量有所增加,出现了一些新情况和新问题。在审理案件时,应当依照《最高人民法院关于在审理经济纠纷案件中涉及经济犯罪嫌疑若干问题的规定》《最高人民法院关于审理非法集资刑事案件具体应用法律若干问题的解释》《最高人民法院最高人民检察院公安部关于办理非法集资刑事案件适用法律若干问题的意见》以及民间借贷司法解释等规定,处理好民刑交叉案件之间的程序关系。

128.【分别审理】同一当事人因不同事实分别发生民商事纠纷和涉嫌刑事犯罪,民商事案件与刑事案件应当分别审理,主要有下列情形:

(1)主合同的债务人涉嫌刑事犯罪或者刑事裁判认定其构成犯罪,债权人请求担

保人承担民事责任的;

(2)行为人以法人、非法人组织或者他人名义订立合同的行为涉嫌刑事犯罪或者刑事裁判认定其构成犯罪,合同相对人请求该法人、非法人组织或者他人承担民事责任的;

(3)法人或者非法人组织的法定代表人、负责人或者其他工作人员的职务行为涉嫌刑事犯罪或者刑事裁判认定其构成犯罪,受害人请求该法人或者非法人组织承担民事责任的;

(4)侵权行为人涉嫌刑事犯罪或者刑事裁判认定其构成犯罪,被保险人、受益人或者其他赔偿权利人请求保险人支付保险金的;

(5)受害人请求涉嫌刑事犯罪的行为人之外的其他主体承担民事责任的。

审判实践中出现的问题是,在上述情形下,有的人民法院仍然以民商事案件涉嫌刑事犯罪为由不予受理,已经受理的,裁定驳回起诉。对此,应予纠正。

129.【涉众型经济犯罪与民商事案件的程序处理】2014年颁布实施的《最高人民法院最高人民检察院公安部关于办理非法集资刑事案件适用法律若干问题的意见》和2019年1月颁布实施的《最高人民法院最高人民检察院公安部关于办理非法集资刑事案件若干问题的意见》规定的涉嫌集资诈骗、非法吸收公众存款等涉众型经济犯罪,所涉人数众多、当事人分布地域广、标的额特别巨大、影响范围广,严重影响社会稳定,对于受害人就同一事实提起的以犯罪嫌疑人或者刑事被告人为被告的民事诉讼,人民法院应当裁定不予受理,并将有关材料移送侦查机关、检察机关或者正在审理该刑事案件的人民法院。受害人的民事权利保护应当通过刑事追赃、退赔的方式解决。正在审理民商事案件的人民法院发现有上述涉众型经济犯罪线索的,应当及时将犯罪线索和有关材料移送侦查机关。侦查机关作出立案决定前,人民法院应当中止审理;作出立案决定后,应当裁定驳回起诉;侦查机关未及时立案的,人民法院必要时可以将案件报请党委政法委协调处理。除上述情形人民法院不予受理外,要防止通过刑事手段干预民商事审判,搞地方保护,影响营商环境。

当事人因租赁、买卖、金融借款等与上述涉众型经济犯罪无关的民事纠纷,请求上述主体承担民事责任的,人民法院应予受理。

130.【民刑交叉案件中民商事案件中止审理的条件】人民法院在审理民商事案件时,如果民商事案件必须以相关刑事案件的审理结果为依据,而刑事案件尚未审结的,应当根据《民事诉讼法》第150条第5项的规定裁定中止诉讼。待刑事案件审结后,再恢复民商事案件的审理。如果民商事案件不是必须以相关的刑事案件的审理结果为依据,则民商事案件应当继续审理。

国家发展改革委 商务部关于印发《市场准入负面清单（2019年版）》的通知

（发改体改〔2019〕1685号）

各省、自治区、直辖市人民政府，新疆生产建设兵团，中央和国家机关各有关部委：

国家发展改革委、商务部以习近平新时代中国特色社会主义思想为指导，认真落实党中央、国务院决策部署，会同各地区各有关部门对《市场准入负面清单（2018年版）》开展全面修订，形成《市场准入负面清单（2019年版）》，经党中央、国务院批准印发实施。现将有关要求通知如下：

一、认真做好清单落地实施工作。对清单所列事项，各地区各部门要持续优化管理方式，严格规范审批行为，优化审批流程，提高审批效率，正确高效地履行职责。对清单之外的行业、领域、业务等，各类市场主体皆可依法平等进入，不得违规另设市场准入行政审批。需提请修改完善相关法律、法规、国务院决定的措施，各地区各部门要尽快按法定程序办理，并做好相关规章和规范性文件"立改废"工作。

二、严格落实"全国一张清单"管理模式。坚决维护市场准入负面清单制度的统一性、严肃性和权威性，确保"一单尽列、单外无单"。按照党中央、国务院要求编制的涉及行业性、领域性、区域性等方面，需要用负面清单管理思路或管理模式出台相关措施的，应纳入全国统一的市场准入负面清单。已经纳入的，各有关部门要做好对地方细化措施的监督指导，确保符合"全国一张清单"管理要求。严禁各地区各部门自行发布市场准入性质的负面清单。

三、加快完善清单信息公开机制。各地区各部门要配合做好市场准入负面清单的信息完善和公开工作，依托全国一体化政务服务平台建设，进一步梳理清单所列事项措施的管理权限、审批流程、办理要件等，为实现清单事项"一目了然、一网通办"打好基础，不断提升市场准入透明度和便捷性。

四、持续推动放宽市场准入门槛。各地区各部门要密切关注市场反应,多渠道听取市场主体、行业协会等意见,及时发现并推动破除各种形式的市场准入不合理限制和隐性壁垒,努力营造稳定公平透明可预期的营商环境。国家发展改革委、商务部将紧密围绕国家重大战略,选取部分地区以服务业为重点开展进一步放宽市场准入限制试点。

五、健全完善市场准入制度体系。各地区各部门要持续跟踪关注清单实施情况,认真研究解决发现的问题,及时提出完善市场准入负面清单制度的意见建议。要进一步健全完善与市场准入负面清单制度相适应的准入机制、审批机制、事中事后监管机制、社会信用体系和激励惩戒机制、商事登记制度等,系统集成、协同高效地推进市场准入制度改革工作。

国家发展改革委、商务部将会同各地区各部门认真落实党中央、国务院部署要求,扎实做好市场准入负面清单制度组织实施工作。清单实施中的重大情况及时向党中央、国务院报告。

国家发展改革委

商　务　部

2019 年 10 月 24 日

私募投资基金备案须知

为进一步完善私募投资基金备案公开透明机制，提高私募投资基金备案工作效率，中国证券投资基金业协会（以下简称"协会"）在此温馨提示，申请私募投资基金备案及备案完成后应当注意以下重点事项：

一、私募投资基金备案总体性要求

（一）【法律规则依据】私募投资基金在募集和投资运作中，应严格遵守《证券投资基金法》《私募投资基金监督管理暂行办法》《证券期货投资者适当性管理办法》《证券期货经营机构私募资产管理业务运作管理暂行规定》《私募投资基金管理人登记和基金备案办法（试行）》《关于进一步规范私募基金管理人登记若干事项的公告》《私募投资基金合同指引》《私募投资基金募集行为管理办法》《私募投资基金信息披露管理办法》《证券期货经营机构私募资产管理计划备案管理规范1-4号》《私募投资基金命名指引》《私募基金登记备案相关问题解答》等法律法规和自律规则。

协会为私募投资基金办理备案不构成对私募投资基金管理人（以下简称"管理人"）投资能力的认可，亦不构成对管理人和私募投资基金合规情况的认可，不作为对私募投资基金财产安全的保证。投资者应当自行识别私募投资基金投资风险并承担投资行为可能出现的损失。

（二）【不属于私募投资基金备案范围】私募投资基金不应是借（存）贷活动。下列不符合"基金"本质的募集、投资活动不属于私募投资基金备案范围：

1. 变相从事金融机构信（存）贷业务的，或直接投向金融机构信贷资产；

2. 从事经常性、经营性民间借贷活动，包括但不限于通过委托贷款、信托贷款等方式从事上述活动；

3. 私募投资基金通过设置无条件刚性回购安排变相从事借(存)贷活动,基金收益不与投资标的的经营业绩或收益挂钩;

4. 投向保理资产、融资租赁资产、典当资产等《私募基金登记备案相关问题解答(七)》所提及的与私募投资基金相冲突业务的资产、股权或其收(受)益权;

5. 通过投资合伙企业、公司、资产管理产品(含私募投资基金,下同)等方式间接或变相从事上述活动。

(三)【管理人职责】管理人应当遵循专业化运营原则,不得从事与私募投资基金有利益冲突的业务。管理人应当按照诚实信用、勤勉尽责原则切实履行受托管理职责,不得将应当履行的受托人责任转委托。私募投资基金的管理人不得超过一家。

(四)【托管要求】私募投资基金托管人(以下简称"托管人")应当严格履行《证券投资基金法》第三章规定的法定职责,不得通过合同约定免除其法定职责。基金合同和托管协议应当按照《证券投资基金法》《私募投资基金监督管理暂行办法》等法律法规和自律规则明确约定托管人的权利义务、职责。在管理人发生异常且无法履行管理职责时,托管人应当按照法律法规及合同约定履行托管职责,维护投资者合法权益。托管人在监督管理人的投资运作过程中,发现管理人的投资或清算指令违反法律法规和自律规则以及合同约定的,应当拒绝执行,并向中国证券监督管理委员会(以下简称"中国证监会")和协会报告。

契约型私募投资基金应当由依法设立并取得基金托管资格的托管人托管,基金合同约定设置能够切实履行安全保管基金财产职责的基金份额持有人大会日常机构或基金受托人委员会等制度安排的除外。私募资产配置基金应当由依法设立并取得基金托管资格的托管人托管。

私募投资基金通过公司、合伙企业等特殊目的载体间接投资底层资产的,应当由依法设立并取得基金托管资格的托管人托管。托管人应当持续监督私募投资基金与特殊目的载体的资金流,事前掌握资金划转路径,事后获取并保管资金划转及投资凭证。管理人应当及时将投资凭证交付托管人。

(五)【合格投资者】私募投资基金应当面向合格投资者通过非公开方式对外募集。合格投资者应当符合《私募投资基金监督管理暂行办法》的相关规定,具备相应风险识别能力和风险承担能力。单只私募投资基金的投资者人数累计不得超过《证券投资基金法》《公司法》《合伙企业法》等法律规定的特定数量。

(六)【穿透核查投资者】以合伙企业等非法人形式投资私募投资基金的,募集机构应当穿透核查最终投资者是否为合格投资者,并合并计算投资者人数。投资者为依法备案的资产管理产品的,不再穿透核查最终投资者是否为合格投资者和合并计算投资者人数。

管理人不得违反中国证监会等金融监管部门和协会的相关规定,通过为单一融资项目设立多只私募投资基金的方式,变相突破投资者人数限制或者其他监管要求。

(七)【投资者资金来源】投资者应当确保投资资金来源合法,不得汇集他人资金购买私募投资基金。募集机构应当核实投资者对基金的出资金额与其出资能力相匹配,且为投资者自己购买私募投资基金,不存在代持。

(八)【募集推介材料】管理人应在私募投资基金招募说明书等募集推介材料中向投资者介绍管理人及管理团队基本情况、托管安排(如有)、基金费率、存续期、分级安排(如有)、主要投资领域、投资策略、投资方式、收益分配方案以及业绩报酬安排等要素。募集推介材料还应向投资者详细揭示私募投资基金主要意向投资项目(如有)的主营业务、估值测算、基金投资款用途以及拟退出方式等信息,私募证券投资基金除外。募集推介材料的内容应当与基金合同、公司章程和合伙协议(以下统称"基金合同")实质一致。

(九)【风险揭示书】管理人应当向投资者披露私募投资基金的资金流动性、基金架构、投资架构、底层标的、纠纷解决机制等情况,充分揭示各类投资风险。

私募投资基金若涉及募集机构与管理人存在关联关系、关联交易、单一投资标的、通过特殊目的载体投向标的、契约型私募投资基金管理人股权代持、私募投资基金未能通过协会备案等特殊风险或业务安排,管理人应当在风险揭示书的"特殊风险揭示"部分向投资者进行详细、明确、充分披露。

投资者应当按照《私募投资基金募集行为管理办法》的相关规定,对风险揭示书中"投资者声明"部分所列的13项声明签字签章确认。管理人在资产管理业务综合报送平台(以下简称"AMBERS系统")进行私募投资基金季度更新时,应当及时更新上传所有投资者签署的风险揭示书。经金融监管部门批准设立的金融机构和《私募投资基金募集行为管理办法》第三十二条第一款所列投资者可以不签署风险揭示书。

(十)【募集完毕要求】管理人应当在募集完毕后的20个工作日内通过AMBERS系统申请私募投资基金备案,并签署备案承诺函承诺已完成募集,承诺已知晓以私募投资基金名义从事非法集资所应承担的刑事、行政和自律后果。

本须知所称"募集完毕",是指:

1. 已认购契约型私募投资基金的投资者均签署基金合同,且相应认购款已进入基金托管账户(基金财产账户);

2. 已认缴公司型或合伙型私募投资基金的投资者均签署公司章程或合伙协议并进行工商确权登记,均已完成不低于100万元的首轮实缴出资且实缴资金已进入基金财产账户。管理人及其员工、社会保障基金、政府引导基金、企业年金等养老基金、慈善基金等社会公益基金的首轮实缴出资要求可从其公司章程或合伙协议约定。

(十一)【封闭运作】私募股权投资基金(含创业投资基金,下同)和私募资产配置基金应当封闭运作,备案完成后不得开放认/申购(认缴)和赎回(退出),基金封闭运作期间的分红、退出投资项目减资、对违约投资者除名或替换以及基金份额转让不在此列。

已备案通过的私募股权投资基金或私募资产配置基金,若同时满足以下条件,可以新增投资者或增加既存投资者的认缴出资,但增加的认缴出资额不得超过备案时认缴出资额的 3 倍：

1. 基金的组织形式为公司型或合伙型；

2. 基金由依法设立并取得基金托管资格的托管人托管；

3. 基金处在合同约定的投资期内；

4. 基金进行组合投资,投资于单一标的的资金不超过基金最终认缴出资总额的 50%；

5. 经全体投资者一致同意或经全体投资者认可的决策机制决策通过。

(十二)【备案前临时投资】私募投资基金完成备案前,可以以现金管理为目的,投资于银行活期存款、国债、中央银行票据、货币市场基金等中国证监会认可的现金管理工具。

(十三)【禁止刚性兑付】管理人及其实际控制人、股东、关联方以及募集机构不得向投资者承诺最低收益、承诺本金不受损失,或限定损失金额和比例。

投资者获得的收益应当与投资标的实际收益相匹配,管理人不得按照类似存款计息的方法计提并支付投资者收益。管理人或募集机构使用"业绩比较基准"或"业绩报酬计提基准"等概念,应当与其合理内涵一致,不得将上述概念用于明示或者暗示基金预期收益,使投资者产生刚性兑付预期。

私募证券投资基金管理人不得通过设置增强资金、费用返还等方式调节基金收益或亏损,不得以自有资金认购的基金份额先行承担亏损的形式提供风险补偿,变相保本保收益。

（十四）【禁止资金池】管理人应当做到每只私募投资基金的资金单独管理、单独建账、单独核算，不得开展或者参与任何形式的"资金池"业务，不得存在短募长投、期限错配、分离定价、滚动发行、集合运作等违规操作。

（十五）【禁止投资单元】管理人不得在私募投资基金内部设立由不同投资者参与并投向不同资产的投资单元/子份额，规避备案义务，不公平对待投资者。

（十六）【组合投资】鼓励私募投资基金进行组合投资。建议基金合同中明确约定私募投资基金投资于单一资产管理产品或项目所占基金认缴出资总额的比例。

私募资产配置基金投资于单一资产管理产品或项目的比例不得超过该基金认缴出资总额的20%。

（十七）【约定存续期】私募投资基金应当约定明确的存续期。私募股权投资基金和私募资产配置基金约定的存续期不得少于5年，鼓励管理人设立存续期在7年及以上的私募股权投资基金。

（十八）【基金杠杆】私募投资基金杠杆倍数不得超过监管部门规定的杠杆倍数要求。开放式私募投资基金不得进行份额分级。

私募证券投资基金管理人不得在分级私募证券投资基金内设置极端化收益分配比例，不得利用分级安排进行利益输送、变相开展"配资"等违法违规业务，不得违背利益共享、风险共担、风险与收益相匹配的原则。

（十九）【关联交易】私募投资基金进行关联交易的，应当防范利益冲突，遵循投资者利益优先原则和平等自愿、等价有偿的原则，建立有效的关联交易风险控制机制。上述关联交易是指私募投资基金与管理人、投资者、管理人管理的私募投资基金、同一实际控制人下的其他管理人管理的私募投资基金，或者与上述主体有其他重大利害关系的关联方发生的交易行为。

管理人不得隐瞒关联关系或者将关联交易非关联化，不得以私募投资基金的财产与关联方进行利益输送、内幕交易和操纵市场等违法违规活动。

私募投资基金进行关联交易的，应当在基金合同中明确约定涉及关联交易的事前、事中信息披露安排以及针对关联交易的特殊决策机制和回避安排等。

管理人应当在私募投资基金备案时提交证明底层资产估值公允的材料（如有）、有效实施的关联交易风险控制机制、不损害投资者合法权益的承诺函等相关文件。

（二十）【公司型与合伙型基金前置工商登记和投资者确权】公司型或合伙型私募投资基金设立或发生登记事项变更的，应当按照《公司法》或《合伙企业法》规定的程序和期限要求，向工商登记机关申请办理登记或变更登记。

（二十一）【明示基金信息】私募投资基金的命名应当符合《私募投资基金命名指引》的规定。管理人应当在基金合同中明示私募投资基金的投资范围、投资方式、投资比例、投资策略、投资限制、费率安排、核心投资人员或团队、估值定价依据等信息。

契约型私募投资基金份额的初始募集面值应当为人民币1元，在基金成立后至到期日前不得擅自改变。

（二十二）【维持运作机制】基金合同及风险揭示书应当明确约定，在管理人客观上丧失继续管理私募投资基金的能力时，基金财产安全保障、维持基金运营或清算的应急处置预案和纠纷解决机制。

管理人和相关当事人对私募投资基金的职责不因协会依照法律法规和自律规则执行注销管理人登记等自律措施而免除。已注销管理人和相关当事人应当根据《证券投资基金法》、协会相关自律规则和基金合同的约定，妥善处置在管基金财产，依法保障投资者的合法权益。

（二十三）【材料信息真实完整】管理人提供的私募投资基金备案和持续信息更新的材料和信息应当真实、准确、完整，不存在任何虚假记载、误导性陈述或重大遗漏。管理人应当上传私募投资基金备案承诺函、基金合同、风险揭示书和实缴出资证明等签章齐全的相关书面材料。

协会在办理私募投资基金备案时，如发现私募投资基金可能涉及复杂、创新业务或存在可能损害投资者利益的潜在风险，采取约谈管理人实际控制人、股东及其委派代表、高级管理人员等方式的，管理人及相关人员应当予以配合。

(二十四)【信息披露】管理人应当在私募投资基金的募集和投资运作中明确信息披露义务人向投资者进行信息披露的内容、披露频度、披露方式、披露责任以及信息披露渠道等事项，向投资者依法依规持续披露基金募集信息、投资架构、特殊目的载体(如有)的具体信息、杠杆水平、收益分配、托管安排(如有)、资金账户信息、主要投资风险以及影响投资者合法权益的其他重大信息等。

管理人应当及时将上述披露的持续投资运作信息在私募投资基金信息披露备份系统进行备份。

(二十五)【基金年度报告及审计要求】管理人应当在规定时间内向协会报送私募投资基金年度报告。

私募股权投资基金、私募资产配置基金的年度报告的财务会计报告应当经过审计。会计师事务所接受管理人、托管人的委托，为有关基金业务出具的审计报告等文件，应当勤勉尽责，对所依据的文件资料内容的真实性、准确性、完整性进行核查和验证。其制作、出具的文件有虚假记载、误导性陈述或者重大遗漏，给他人财产造成损失的，应当与委托人承担连带赔偿责任。

(二十六)【重大事项报送】私募投资基金发生以下重大事项的，管理人应当在5个工作日内向协会报送相关事项并向投资者披露：

1. 管理人、托管人发生变更的；
2. 基金合同发生重大变化的；

3. 基金触发巨额赎回的；

4. 涉及基金管理业务、基金财产、基金托管业务的重大诉讼、仲裁、财产纠纷的；

5. 投资金额占基金净资产50%及以上的项目不能正常退出的；

6. 对基金持续运行、投资者利益、资产净值产生重大影响的其他事件。

（二十七）【信息公示】管理人应当及时报送私募投资基金重大事项变更情况及清算信息，按时履行私募投资基金季度、年度更新和信息披露报送义务。管理人未按时履行季度、年度、重大事项信息更新和信息披露报送义务的，在管理人完成相应整改要求之前，协会将暂停受理该管理人新的私募投资基金备案申请。管理人未按时履行季度、年度、重大事项信息更新和信息披露报送义务累计达2次的，协会将其列入异常机构名单，并对外公示。一旦管理人作为异常机构公示，即使整改完毕，至少6个月后才能恢复正常机构公示状态。

私募投资基金备案后，协会将通过信息公示平台公示私募投资基金基本情况。对于存续规模低于500万元，或实缴比例低于认缴规模20%，或个别投资者未履行首轮实缴义务的私募投资基金，在上述情形消除前，协会将在公示信息中持续提示。

（二十八）【基金合同的终止、解除与基金清算】基金合同应当明确约定基金合同终止、解除及基金清算的安排。对于协会不予备案的私募投资基金，管理人应当告知投资者，及时解除或终止基金合同，并对私募投资基金财产清算，保护投资者的合法权益。

管理人在私募投资基金到期日起的3个月内仍未通过AMBERS系统完成私募投资基金的展期变更或提交清算申请的，在完成变更或提交清算申请之前，协会将暂停办理该管理人新的私募投资基金备案申请。

（二十九）【紧急情况暂停备案】协会在办理私募投资基金备案过程中，若发现管

理人有下列情形之一的,在下列情形消除前可以暂停备案:

1. 被公安、检察、监察机关立案调查的;

2. 被行政机关列为严重失信人,以及被人民法院列为失信被执行人的;

3. 被中国证监会及其派出机构给予行政处罚或被交易所等自律组织给予自律处分,情节严重的;

4. 拒绝、阻碍监管人员或者自律管理人员依法行使监督检查、调查职权或者自律检查权的;

5. 涉嫌严重违法违规行为,中国证监会及其派出机构建议的;

6. 多次受到投资者实名投诉,涉嫌违反法律法规、自律规则,侵害投资者合法权益,未能向协会和投资者合理解释被投诉事项的;

7. 经营过程中出现《私募投资基金登记备案问答十四》规定的不予登记情形的;

8. 其他严重违反法律法规和《私募基金管理人内部控制指引》等自律规则的相关规定,恶意规避《私募基金管理人登记须知》和本须知要求,向协会和投资者披露的内容存在虚假记载、误导性陈述或重大遗漏,经营管理失控,出现重大风险,损害投资者利益的。

二、私募证券投资基金(含FOF)特殊备案要求

(三十)【证券投资范围】私募证券投资基金的投资范围主要包括股票、债券、期货合约、期权合约、证券类基金份额以及中国证监会认可的其他资产。

(三十一)【开放要求和投资者赎回限制】私募证券基金管理人应当统筹考虑投资标的流动性、投资策略、投资限制、销售渠道、潜在投资者类型与风险偏好、投资者结构等因素,设置匹配的开放期,强化对投资者短期申赎行为的管理。

基金合同中设置临时开放日的,应当明确临时开放日的触发条件,原则上不得利用临时开放日的安排继续认／申购(认缴)。

(三十二)【规范业绩报酬】业绩报酬提取应当与私募证券投资基金的存续期限、收益分配和投资运作特征相匹配，单只私募证券投资基金只能采取一种业绩报酬提取方法，保证公平对待投资者。业绩报酬提取比例不得超过业绩报酬计提基准以上投资收益的60%。

私募投资基金连续两次计提业绩报酬的间隔期不应短于3个月。鼓励管理人采用不短于6个月的间隔期。管理人在投资者赎回基金份额时或在私募投资基金清算时计提业绩报酬的，可不受上述间隔期的限制。

(三十三)【投资经理】管理人应当在基金合同中明确约定投资经理，投资经理应当取得基金从业资格并在协会完成注册。投资经理发生变更应当履行相关程序并告知投资者。

三、私募股权投资基金(含FOF)特殊备案要求

(三十四)【股权投资范围】私募股权投资基金的投资范围主要包括未上市企业股权、上市公司非公开发行或交易的股票、可转债、市场化和法治化债转股、股权类基金份额，以及中国证监会认可的其他资产。

(三十五)【股权确权】私募股权投资基金入股或受让被投企业股权的，根据《公司法》《合伙企业法》，应当及时向企业登记机关办理登记或变更登记。管理人应及时将上述情况向投资者披露、向托管人报告。

(三十六)【防范不同基金间的利益冲突】管理人应当公平地对待其管理的不同私募投资基金财产，有效防范私募投资基金之间的利益输送和利益冲突，不得在不同私募投资基金之间转移收益或亏损。在已设立的私募股权投资基金尚未完成认缴规模70%的投资(包括为支付基金税费的合理预留)之前，除经全体投资者一致同意或经全体投资者认可的决策机制决策通过之外,管理人不得设立与前述基金的投资策略、投资范围、投资阶段均实质相同的新基金。

四、私募资产配置基金特殊备案要求

(三十七)【投资方式】私募资产配置基金应当主要采用基金中基金的投资方式,80%以上的已投基金资产应当投资于依法设立或备案的资产管理产品。

(三十八)【杠杆倍数】分级私募资产配置基金投资跨类别私募投资基金的,杠杆倍数不得超过所投资的私募投资基金的最高杠杆倍数要求。

(三十九)【单一投资者】仅向单一的个人或机构投资者(依法设立的资产管理产品除外)募集设立的私募资产配置基金,除投资比例或者其他基金财产安全保障措施等由基金合同约定外,其他安排参照本须知执行。

五、过渡期及其他安排

本须知自发布之日起施行,协会之前发布的自律规则及问答与本须知不一致的,以本须知为准。为确保平稳过渡,按照"新老划断"原则,协会于 2020 年 4 月 1 日起,不再办理不符合本须知要求的新增和在审备案申请。2020 年 4 月 1 日之前已完成备案的私募投资基金从事本须知第(二)条中不符合"基金"本质活动的,该私募投资基金在 2020 年 9 月 1 日之后不得新增募集规模、不得新增投资,到期后应进行清算,原则上不得展期。

私募投资基金投向债权、收(受)益权、不良资产等特殊标的的相关要求,另行规定。

协会再次重申,私募投资基金应当做到非公开募集、向合格投资者募集。管理人应当诚实信用,勤勉尽责,坚持投资者利益优先,投资者应当"收益自享、风险自担",

做到"卖者尽责、买者自负"。私募投资基金备案不是"一备了之",请管理人持续履行向协会报送私募投资基金运作信息的义务,主动接受协会对管理人及私募投资基金的自律管理,协会将持续监测私募投资基金投资运作情况。

中国证券投资基金业协会

2019 年 12 月 23 日

全国中小企业股份转让系统分层管理办法

第一章 总 则

第一条 为了进一步完善全国中小企业股份转让系统(以下简称全国股转系统)市场功能,实施差异化制度安排,根据《国务院关于全国中小企业股份转让系统有关问题的决定》《非上市公众公司监督管理办法》等法律法规、部门规章和其他规范性文件,制定本办法。

第二条 全国股转系统挂牌公司的分层管理,适用本办法。

第三条 挂牌公司分层管理遵循市场化和公开、公平、公正原则,切实维护挂牌公司和市场参与主体的合法权益。

挂牌公司所属市场层级及其调整,不代表全国中小企业股份转让系统有限责任公司(以下简称全国股转公司)对挂牌公司投资价值的判断。

第四条 全国股转系统设置基础层、创新层和精选层,符合不同条件的挂牌公司分别纳入不同市场层级管理。

第五条 全国股转公司制定客观、差异化的各层级进入和调整条件,并据此调整挂牌公司所属市场层级。

第六条 全国股转公司对挂牌公司所属市场层级实行定期和即时调整机制。

全国股转公司可以根据挂牌公司层级进入和调整的需要,要求挂牌公司、主办券商或保荐机构等中介机构提供相关材料。

第七条 挂牌公司的层级进入和调整由全国股转公司挂牌委员会审议,并形成审议意见。全国股转公司结合挂牌委员会的审议意见,作出决定。按规定免于挂牌委员会审议的事项除外。

挂牌公司对全国股转公司作出的层级进入和调整决定存在异议的,可以按照全国股转公司有关规定申请复核。

第八条 全国股转公司在各市场层级实行差异化的投资者适当性标准、股票交易方式、发行融资制度，以及不同的公司治理和信息披露等监督管理要求。

全国股转公司针对各市场层级分别揭示证券交易行情、展示信息披露文件，为各市场层级挂牌公司提供差异化服务。

第九条 符合中国证监会、证券交易所和全国股转公司有关规定的精选层挂牌公司，可以直接向证券交易所申请上市交易。

第二章 各市场层级的进入条件

第十条 申请挂牌公司符合挂牌条件，但未进入创新层的，应当自挂牌之日起进入基础层。

挂牌公司未进入创新层和精选层的，应当进入基础层。

第十一条 挂牌公司进入创新层，应当符合下列条件之一：

（一）最近两年净利润均不低于1 000万元，最近两年加权平均净资产收益率平均不低于8%，股本总额不少于2 000万元；

（二）最近两年营业收入平均不低于6 000万元，且持续增长，年均复合增长率不低于50%，股本总额不少于2 000万元；

（三）最近有成交的60个做市或者集合竞价交易日的平均市值不低于6亿元，股本总额不少于5 000万元；采取做市交易方式的，做市商家数不少于6家。

第十二条 挂牌公司进入创新层，同时还应当符合下列条件：

（一）公司挂牌以来完成过定向发行股票（含优先股），且发行融资金额累计不低于1 000万元；

（二）符合全国股转系统基础层投资者适当性条件的合格投资者人数不少于50人；

(三)最近一年期末净资产不为负值;

(四)公司治理健全,制定并披露股东大会、董事会和监事会制度、对外投资管理制度、对外担保管理制度、关联交易管理制度、投资者关系管理制度、利润分配管理制度和承诺管理制度;设立董事会秘书,且其已取得全国股转系统挂牌公司董事会秘书任职资格;

(五)中国证监会和全国股转公司规定的其他条件。

第十三条 挂牌公司或其他相关主体最近12个月内或层级调整期间出现下列情形之一的,挂牌公司不得进入创新层:

(一)挂牌公司或其控股股东、实际控制人存在贪污、贿赂、侵占财产、挪用财产或者破坏社会主义市场经济秩序的刑事犯罪;存在欺诈发行、重大信息披露违法或者其他涉及国家安全、公共安全、生态安全、生产安全、公众健康安全等领域的重大违法行为;

(二)挂牌公司或其控股股东、实际控制人、董事、监事、高级管理人员被中国证监会及其派出机构采取行政处罚;或因证券市场违法违规行为受到全国股转公司等自律监管机构公开谴责;

(三)挂牌公司或其控股股东、实际控制人、董事、监事、高级管理人员因涉嫌犯罪正被司法机关立案侦查或涉嫌违法违规正被中国证监会及其派出机构立案调查,尚未有明确结论意见;

(四)挂牌公司或其控股股东、实际控制人被列入失信被执行人名单且情形尚未消除;

(五)未按照全国股转公司规定在每个会计年度结束之日起4个月内编制并披露年度报告,或者未在每个会计年度的上半年结束之日起2个月内编制并披露半年度报告;

（六）最近两年财务会计报告被会计师事务所出具非标准审计意见的审计报告；仅根据本办法第十一条第二项规定标准进入创新层的，最近三年财务会计报告被会计师事务所出具非标准审计意见的审计报告；

（七）中国证监会和全国股转公司规定的其他情形。

第十四条 申请挂牌公司同时符合挂牌条件和下列条件的，自挂牌之日起进入创新层：

（一）符合本办法第十一条第一项或第二项的规定；或者在挂牌时即采取做市交易方式，完成挂牌同时定向发行股票后，公司股票市值不低于6亿元，股本总额不少于5 000万元，做市商家数不少于6家，且做市商做市库存股均通过本次定向发行取得；

（二）完成挂牌同时定向发行股票，且融资金额不低于1 000万元；

（三）完成挂牌同时定向发行股票后，符合全国股转系统基础层投资者适当性条件的合格投资者人数不少于50人；

（四）符合本办法第十二条第三项和第四项的规定；

（五）不存在本办法第十三条第一项至第四项、第六项情形；

（六）中国证监会和全国股转公司规定的其他条件。

前款所称市值是指以申请挂牌公司挂牌同时定向发行价格计算的股票市值。

第十五条 在全国股转系统连续挂牌满12个月的创新层挂牌公司，可以申请公开发行并进入精选层。

挂牌公司申请公开发行并进入精选层时，应当符合下列条件之一：

（一）市值不低于2亿元，最近两年净利润均不低于1 500万元且加权平均净资产收益率平均不低于8%，或者最近一年净利润不低于2 500万元且加权平均净资产收益率不低于8%；

（二）市值不低于4亿元，最近两年营业收入平均不低于1亿元，且最近一年营业收入增长率不低于30%，最近一年经营活动产生的现金流量净额为正；

（三）市值不低于8亿元，最近一年营业收入不低于2亿元，最近两年研发投入合计占最近两年营业收入合计比例不低于8%；

（四）市值不低于15亿元，最近两年研发投入合计不低于5 000万元。

前款所称市值是指以挂牌公司向不特定合格投资者公开发行（以下简称公开发行）价格计算的股票市值。

第十六条 挂牌公司完成公开发行并进入精选层时，除应当符合本办法第十五条规定条件外，还应当符合下列条件：

（一）最近一年期末净资产不低于5 000万元；

（二）公开发行的股份不少于100万股，发行对象不少于100人；

（三）公开发行后，公司股本总额不少于3 000万元；

（四）公开发行后，公司股东人数不少于200人，公众股东持股比例不低于公司股本总额的25%；公司股本总额超过4亿元的，公众股东持股比例不低于公司股本总额的10%；

（五）中国证监会和全国股转公司规定的其他条件。

公众股东是指除以下股东之外的挂牌公司股东：

（一）持有公司10%以上股份的股东及其一致行动人；

（二）公司董事、监事、高级管理人员及其关系密切的家庭成员，公司董事、监事、高级管理人员直接或间接控制的法人或者其他组织。关系密切的家庭成员，包括配偶、子女及其配偶、父母及配偶的父母、兄弟姐妹及其配偶、配偶的兄弟姐妹、子女配偶的父母。

第十七条 挂牌公司或其他相关主体出现下列情形之一的，挂牌公司不得进入精选层：

（一）挂牌公司或其控股股东、实际控制人最近三年内存在本办法第十三条第一项规定情形；

（二）挂牌公司或其控股股东、实际控制人、董事、监事、高级管理人员最近12个月内存在本办法第十三条第二项规定情形；

（三）本办法第十三条第三项至第五项规定情形；

（四）最近三年财务会计报告被会计师事务所出具非标准审计意见的审计报告；

（五）中国证监会和全国股转公司规定的，对挂牌公司经营稳定性、直接面向市场独立持续经营的能力具有重大不利影响，或者存在挂牌公司利益受到损害等其他情形。

第三章 各市场层级的退出情形

第十八条 创新层挂牌公司出现下列情形之一的，全国股转公司定期将其调出创新层：

（一）最近两年净利润均为负值，且营业收入均低于3 000万元，或者最近一年净利润为负值，且营业收入低于1 000万元；

（二）最近一年期末净资产为负值；

（三）最近一年财务会计报告被会计师事务所出具否定意见或无法表示意见的审计报告；

（四）中国证监会和全国股转公司规定的其他情形。

仅根据本办法第十一条第三项或第十四条第一款第一项规定中的市值标准进入创新层的挂牌公司，不适用前款第一项的规定。

第十九条 创新层挂牌公司出现下列情形之一的，全国股转公司即时将其调出创新层：

（一）连续60个交易日，符合全国股转系统创新层投资者适当性条件的合格投资者人数均少于50人；

（二）连续60个交易日，股票每日收盘价均低于每股面值；

（三）未按照全国股转公司规定在每个会计年度结束之日起4个月内编制并披露年度报告，或者未在每个会计年度的上半年结束之日起2个月内编制并披露半年度报告；

（四）挂牌公司进层后，最近24个月内因不同事项受到中国证监会及其派出机构行政处罚或全国股转公司公开谴责的次数累计达到2次，或者受到刑事处罚；

（五）因更正年度报告导致进层时不符合所属市场层级进入条件，或者出现本办法第十八条第一款第一项至第三项规定情形；

（六）不符合所属市场层级进入条件，但依据虚假材料进入的；

（七）仅根据本办法第十一条第三项或第十四条第一款第一项规定中的市值标准进入创新层的挂牌公司，连续60个交易日，股票交易市值均低于2亿元的；

（八）中国证监会和全国股转公司规定的其他情形。

第二十条 精选层挂牌公司出现下列情形之一的，全国股转公司定期将其调出精选层：

（一）最近两年净利润均为负值，且营业收入均低于5 000万元，或者最近一年净利润为负值，且营业收入低于3 000万元；

（二）最近一年期末净资产为负值；

（三）最近一年财务会计报告被会计师事务所出具否定意见或无法表示意见的审计报告；

（四）中国证监会和全国股转公司规定的其他情形。

仅根据本办法第十五条第二款第四项规定进入精选层的挂牌公司，不适用前款第一项的规定。

第二十一条 精选层挂牌公司出现下列情形之一的，全国股转公司即时将其调出精选层：

（一）本办法第十九条第二项至第四项、第六项规定情形；

（二）连续60个交易日，公众股东持股比例均低于公司股本总额的25%；公司股本总额超过4亿元的，连续60个交易日，公众股东持股比例均低于公司股本总额的10%；

（三）连续60个交易日，股东人数均少于200人；

（四）因更正年度报告导致进层时不符合所属市场层级进入条件，或者出现本办法第二十条第一款第一项至第三项规定情形；

（五）仅根据本办法第十五条第二款第四项规定进入精选层的挂牌公司，连续60个交易日，股票交易市值均低于5亿元的；

（六）中国证监会和全国股转公司规定的其他情形。

第二十二条 挂牌公司出现全国股转公司规定的股票终止挂牌情形，全国股转公司按照有关规定终止其股票挂牌。

第四章 挂牌公司市场层级调整程序

第二十三条 挂牌公司完成公开发行，且符合精选层进入条件的，全国股转公司在其完成公开发行后将其调入精选层。

第二十四条 创新层和精选层挂牌公司出现本办法第十九条和第二十一条规定情形的，全国股转公司自该情形认定之日起5个交易日内启动层级调整工作。

第二十五条 挂牌公司出现本办法第十九条和第二十一条规定情形被调出创新层或精选层的，自调出之日起12个月内，不得再次进入原市场层级。

挂牌公司因更正年度报告导致其出现本办法第十八条第一款第一项至第三项或

第二十条第一款第一项至第三项规定情形被调整至基础层的,且因信息披露文件存在虚假记载受到中国证监会及其派出机构行政处罚或全国股转公司公开谴责的,自调整至基础层之日起 24 个月内,不得再次进入创新层或精选层。

第二十六条 全国股转公司于每年 4 月 30 日启动挂牌公司所属市场层级定期调整工作:

(一)精选层挂牌公司出现本办法第二十条规定情形的,将其调出精选层;

(二)创新层挂牌公司出现本办法第十八条规定情形的,将其调出创新层;

(三)基础层挂牌公司符合创新层进入条件的,经申请调入创新层。

经中国证监会批准,全国股转公司可以根据市场发展的需要,增加挂牌公司层级调整的次数。

第二十七条 精选层挂牌公司出现本办法第二十条或第二十一条规定情形的,全国股转公司在将其调出精选层前对其股票交易实行风险警示,在公司股票简称前加注标识并公告。

第二十八条 挂牌公司被调出精选层,符合创新层进入条件的,进入创新层;不符合的,进入基础层。

挂牌公司被调出创新层,进入基础层。

第二十九条 全国股转公司进行挂牌公司所属市场层级的定期调整前,在全国股转系统官网公示拟进行层级调整的挂牌公司名单。

挂牌公司在名单公示后的 5 个交易日内,可以层级调整所依据的事实认定有误为由申请异议。

全国股转公司根据异议核实情况对名单进行调整。

第三十条 挂牌公司出现股票强制终止挂牌情形的,全国股转公司在其股票终止挂牌前,不对其进行层级调整。

第五章 附 则

第三十一条 本办法所称净利润、营业收入、经营活动产生的现金流量净额、净资产等均指经审计的数值。

第三十二条 本办法下列用语的具体含义或计算方法如下：

(一)净利润,是指归属于挂牌公司股东的净利润,不包括少数股东损益,并以扣除非经常性损益前后孰低者为计算依据。

(二)净资产,是指归属于挂牌公司股东的净资产,不包括少数股东权益。

(三)加权平均净资产收益率,以扣除非经常性损益前后孰低者为计算依据,并根据中国证监会发布的《公开发行证券的公司信息披露编报规则第9号——净资产收益率和每股收益的计算》规定计算。

(四)年均复合增长率:年均复合增长率$=\sqrt{\dfrac{R_n}{R_{n-2}}}-1$,其中$R_n$代表最近一年(第$n$年)的营业收入。

(五)经营活动产生的现金流量净额,是指公司现金流量表列报的经营活动产生的现金流量净额;公司编制合并财务报表的,为合并现金流量表列报的经营活动产生的现金流量净额。

(六)最近有成交的60个做市或者集合竞价交易日,是指以每年的4月30日为截止日,在最长不超过120个做市交易日或者集合竞价交易日的期限内,最近有成交的60个做市交易日或者集合竞价交易日。

(七)挂牌以来完成过定向发行股票:包括公司挂牌后进行的定向发行和挂牌同时定向发行。

(八)发行融资:发行融资的完成时间以全国股转公司出具新增股份登记函的时间为准;发行融资的金额不包括非现金认购部分。

(九)股本总额,是指公司的普通股股本总额;本办法第十一条所称股本总额以每年 4 月 30 日当日数据为准。

(十)合格投资者人数:本办法第十二条所称合格投资者人数以每年 4 月 30 日当日数据为准。

(十一)最近 12 个月:本办法第十三条所称最近 12 个月是以每年 4 月 30 日为截止日,往前计算的 12 个月。

(十二)连续 60 个交易日:不包括挂牌公司股票停牌日。

第三十三条 本办法所称"不少于""不低于""以上"均含本数。

第三十四条 本办法由全国股转公司负责解释。

第三十五条 本办法自发布之日起施行。

第 五 部 分

北京股权投资基金协会
部分会员名录(2020年3月)

北京股权投资基金协会部分会员名录

表 1　北京股权投资基金协会部分会员名录

序号	机构名称	机构类型	联系方式
1	厚朴投资管理有限公司	PE	地址:北京市西城区金融大街 7 号英蓝国际中心 18 层 电话:86-10-5181-9600 邮编:100034
2	中金甲子(北京)投资基金管理有限公司	PE	地址:建国门外大街 1 号国贸大厦 A 座 52 层 05 单元 电话:86-10-8587-9090-8016 邮编:100026 网址:http://www.ciccalpha.com/
3	鼎晖投资股权投资管理(天津)有限公司	PE	地址:朝阳区东三环中路 5 号楼财富金融中心 25 层 电话:86-10-8507-6998 邮编:100026 网址:www.cdhfund.com
4	宽带天地资本管理有限公司	PE	地址:建外大街 21 号国际俱乐部大厦 7 层 701 室 电话:86-10-8563-5888 邮编:100020 网址:www.cbc-capital.com
5	北京弘毅投资顾问有限公司	PE	地址:北京市海淀区科学院南路 2 号融科资讯中心 C 座南楼 6 层 电话:86-10-8265-5888 邮编:100080 网址:www.honycapital.com
6	红杉资本顾问咨询(北京)有限公司	VC	地址:北京市朝阳区建国路 77 号华贸中心 3 号写字楼 3606 电话:86-10-8447-5668 邮编:100025 网址:www.sequoiacap.cn
7	中信产业基金投资管理有限公司	PE	地址:北京市东城区金宝街 89 号金宝大厦 10 层 电话:86-10-8507-9000 邮编:100005 网址:www.citicpe.com

续表

序号	机构名称	机构类型	联系方式
8	深圳市创新投资集团有限公司	VC	地址：广东省深圳市福田中心区深南大道4009号投资大厦11层 电话：86-755-8291-2888 传真：86-755-8291-2880 网址：www.szvc.com.cn
9	中科招商投资（基金）管理公司	PE	地址：北京市朝阳区裕民路12号中国国际科技会展中心C座2层 电话：86-10-6206-2210 传真：86-10-6206-0950 网址：www.leadvc.com
10	国富资本	PE	地方：北京市西城区金融街甲9号北楼9层 电话：86-10-5789-6767 网址：www.guofu.com
11	IDG资本投资顾问（北京）有限公司	VC	地址：北京建国门内大街8号中粮广场A座6层 电话：86-10-6526-6655 传真：86-10-6526-0700 网址：www.idgvc.com
12	北京股权投资发展管理有限公司	PE	地址：北京市西城区锦什坊街35号（E9大厦）12层 电话：86-10-6655-3899
13	云月投资管理（上海）有限公司	PE	地址：上海市静安区石门一路288号 电话：86-21-6120-2080 传真：86-21-6120-2060 网址：www.lunarcapital.com
14	极地晨光创业投资管理（北京）有限公司	VC	地址：北京市朝阳区建国路79号华贸中心2号写字楼32层 100025 电话：86-10-5769-6500 传真：86-10-5769-6185 网址：www.nlightvc.com
15	北京首钢基金有限公司	PE/VC	地址：北京市石景山区石景山路20号中铁建设大厦14层 电话：86-10-5239-3988 传真：86-10-6863-0200 网址：www.shougang.com.cn

续表

序号	机构名称	机构类型	联系方式
16	上海中城联盟投资管理有限公司	PE	地址:上海市虹桥路500号中城国际大厦 电话:86-21-3887-0996 传真:86-21-5882-0669 网址:www.curainvest.cn
17	北京信中利投资有限公司	PE/VC	地址:北京市朝阳区新东路首开幸福广场C座3层 电话:86-10-8555-0508 传真:86-10-8555-0509 网址:www.chinaequity.net
18	华融渝富股权投资基金	PE	地址:北京市西城区金融大街8号中国华融大厦C座9层 电话:86-10-5961-9161 传真:86-10-5961-9175
19	北京通盛时富投资有限公司	PE	地址:北京市西城区金融大街7号英蓝国际金融中心9层 电话:86-10-6601-0604 网址:http://www.tsffam.com/
20	苏州元禾控股股份有限公司	PE/VC	地址:中国江苏苏州工业园区苏虹东路183号东沙湖股权投资中心19幢 电话:86-512-6696-9999 传真:86-512-6696-9998 网址:www.oriza.com.cn
21	中信资本控股有限公司	另类投资	地址:中国北京市朝阳区新源南路8号启皓北京东塔9层 电话:86-10-5802-3999 传真:86-10-6582-0521 网址:www.citiccapital.com
22	北京大学金融与产业发展研究中心	服务机构	地址:北京大学未名湖东畔一体楼 电话:86-10-6276-0786 网址:http://www.gsm.pku.edu.cn/info/1068/19621.htm
23	深圳达晨创业投资有限公司	VC	地址:深圳市福田区深南大道6008号23D 电话:86-755-8351-5108 邮编:518009 网址:http://www.fortunevc.com/

续表

序号	机构名称	机构类型	联系方式
24	德同投资咨询（上海）有限公司	PE/VC	地址：北京市朝阳区东三环中路7号财富中心写字楼A座611室 电话：86-10-6530-9968 传真：86-10-6530-9968-108 网址：www.dtcap.com
25	北京惠农资本管理有限公司	PE/VC	地址：北京市朝阳区建国路甲92号世茂大厦C座23层（北京电视台东侧） 电话：86-10-6702-0808 网址：www.huinongfund.com
26	国投创新投资管理有限公司	PE	地址：北京市西城区广安门外南滨河路1号中国高新大厦7层 电话：86-10-6336-7686 传真：86-10-6336-6130 网址：www.sdicfund.com
27	招商致远资本投资有限公司	券商直投	地址：北京市西城区金融大街甲9号金融街中心7层 电话：86-10-5760-1898 传真：86-10-5760-1880 网址：www.newone.com.cn
28	深圳前海东方瑞宸基金管理有限公司	PE	地址：上海市虹口区杨树浦路248号瑞丰国际大厦2704-08室 电话：86-21-6568-6591 传真：86-21-6568-7706
29	杭州茂信合利股权投资合伙企业	PE	地址：北京市朝阳区朝外大街甲6号万通中心d座305 电话：86-10-5907-3158
30	方元磐石资产管理股份有限公司	PE	地址：陕西省西安市雁塔区曲江新区翠华南路科泰大厦24层 电话：86-29-8966-0529 网址：https://www.foryons.com/
31	远洋资本有限公司	PE	地址：北京市朝阳区东四环中路56号远洋国际中心A座3层 电话：86-10-6510-7979 网址：http://www.sinooceancapital.com
32	华融融德资产管理有限公司	PE	地址：北京市西城区武定侯街6号306室 电话：86-10-5931-5310 网址：www.rongdeamc.com.cn

续表

序号	机构名称	机构类型	联系方式
33	华软资本管理集团股份有限公司	PE	地址:北京市朝阳区酒仙桥路10号恒通国际商务园B3栋 电话:86-10-6553-8990 邮编:100007 传真:86-10-6553-5560 网址:http://www.chinasoftcapital.com.cn/contact.asp
34	北航长鹰资本管理(北京)有限公司	PE	地址:北京市海淀区知春路7号致真大厦A座1605 电话:86-10-8303-0688 邮编:100191
35	中冀投资股份有限公司	PE	地址:北京市丰台区丰台北路18号院恒泰中心C座22层 电话:86-10-8327-2900 邮编:100073 网址:http://www.zj-inv.cn/
36	奇点控股有限公司	PE	地址:北京市朝阳区建国路77号华贸中心3座5层501 电话:86-10-8588-8300
37	创世伙伴资本	PE	地址:北京市朝阳区望京启阳路金辉大厦1101室 电话:86-10-8472-2390 网址:http://www.ccvcap.com/
38	北京大钲管理咨询有限公司	PE	地址:北京市朝阳区朝阳公园南路中央公园广场A1楼22层 电话:86-10-5929-3666 网址:http://www.centurium.com/
39	中国-比利时直接股权投资基金	PE	地址:北京市西城区金融街35号国际企业大厦C座10 电话:86-10-6656-8001 传真:86-10-8809-1810
40	北京六合基金管理有限公司	PE	地址:北京市朝阳区朝阳门北大街16号元亨大厦21层 电话:86-10-8540-6888 邮编:100027 网址:http://leohecapital.com/
41	北京京西创业投资基金管理有限公司	VC	地址:北京市石景山区石景山路20号中铁建设大厦15层 电话:86-10-5239-3988 邮编:100043 传真:86-10-5239-3900

续表

序号	机构名称	机构类型	联系方式
42	天津工银国际融通资本	PE	地址：北京市西城区宣武门外大街甲1号环球财讯中心C座603A 电话：86-10-5933-6655 传真：86-10-5933-6611 邮编：100052
43	北京基石创业投资管理中心（有限合伙）	VC	地址：北京市海淀区彩和坊路10号1+1大厦1305室 电话：86-10-6019-0398 邮编：10080 传真：8610-60190393
44	北京深行投资管理有限公司	PE	地址：北京市朝阳区三里屯北小街5号 电话：86-10-6418-3918 邮编：100027 网址：www.shenxingcapital.com
45	长征国际咨询有限公司	服务机构	地址：北京市朝阳区三丰北里1号悠唐国际写字楼A座8层 电话：86-10-8565-1676 传真：86-10-8565-1666
46	基石资产管理股份有限公司	VC	地址：北京市西城区金融街英蓝国际金融中心F727-728 电话：86-10-6652-6684 邮编：100000 网址：http://stonevc.com/contact.aspx?FId=n7;7;7
47	信风投资管理有限公司	PE	地址：北京市西城区阜成门外大街22号外经贸大厦东座11层 电话：86-10-5327-1461 传真：86-10-5327-1478
48	深圳第十区基金管理有限责任公司	PE	地址：北京市朝阳区东三环中路18号东环国际大厦7层 电话：86-10-8777-8377 网址：www.district-10.com
49	北京征和惠通基金管理有限公司	PE	地址：北京市朝阳区东三环中青大厦5层 电话：86-10-5618-6970 网址：http://www.zhhtfund.com/
50	北京华平投资咨询有限公司	PE/VC	地址：朝阳区建外大街1号国贸1座908单元 电话：86-10-5923-2533 网址：http://www.warburgpincus.com.cn/

第五部分 北京股权投资基金协会部分会员名录(2020年3月)

续表

序号	机构名称	机构类型	联系方式
51	北京首创创业投资有限公司	VC	地址:北京市海淀区紫竹院路81号北方地产大厦9层911 电话:86-10-6896-4806 传真:86-10-6896-4808 网址:www.capitalvc.com
52	尚珹投资	PE	地址:北京市东城区金宝街89号金宝大厦9层908室 电话:86-10-8593-5600 邮编:100005 网址:http://www.advantechcapital.com/ShangChengCh-SencondAbout.html
53	北京朗姿韩亚资产管理有限公司	PE	地址:北京市西城区新街口北大街3号新街高和大厦608室 电话:86-10-8220-0735
54	经纬创投(北京)投资管理顾问有限公司	VC	地址:北京市朝阳区东三环北路1号楼泰康金融大厦2601 电话:86-21-6162-0600 网址:https://www.matrixpartners.com.cn/index.php/zh/
55	海峡能源产业基金(厦门)有限公司	PE	地址:北京市海淀区北三环中路39号 电话:86-10-6206-7500 邮箱:straitenergy@strait-energy.com 网址:http://www.strait-energy.com/
56	北京三峡鑫泰投资基金管理有限公司	PE	地址:北京市海淀区彩和坊路六号朔黄发展大厦11层 电话:86-10-8236-2993 邮编:100080
57	国投万和资产管理有限公司	PE	地址:北京市朝阳区东三环中路5号财富金融中心(FFC)67层 电话:86-10-8540-9700
58	青岛新大唐资产管理集团有限公司	PE	地址:山东省青岛市崂山区深圳路222号天泰金融中心A座17层 电话:86-532-8872-1099 网址:http://www.sincetop.cn
59	北京望京投资基金管理有限公司	PE	地址:北京市朝阳区利泽中园106号楼1层108C-1 电话:86-10-5651-1727
60	北京真成致诺投资管理有限公司	PE	地址:北京市朝阳区通惠河北路郎家园6[3-2]3幢A座1层 网址:http://www.zhenchengcap.com

续表

序号	机构名称	机构类型	联系方式
61	北京正心投资有限公司	PE	地址：北京市海淀区车公庄西路21号1幢2层210室 电话：86-10-5716-6365 网址：http://www.zhengxintouzi.com/website/w/h
62	渤海华美（上海）股权投资基金管理有限公司	PE	地址：北京市朝阳区建国路79号华贸中心写字楼2座31层3101 电话：86-10-5969-5858 网址：http://www.bhrpe.com/
63	京冀天成（北京）基金管理有限公司	PE	地址：北京市石景山区中铁建设大厦11层 电话：86-10-5239-3988
64	光荣资产管理（北京）有限公司	PE	地址：北京市海淀区丹棱街6号中关村金融大厦11层 电话：86-10-5756-9559 网址：http://www.chinaglorycapital.com
65	北京中化明达股权投资基金管理有限公司	PE	地址：北京市朝阳区和平街13区甲20号 电话：86-10-8426-3281 网址：http://www.ccgmb.com
66	上海银行北京分行	服务机构	地址：北京市朝阳区建国门外大街丙12号钢大厦9层 电话：86-10-5761-0097 传真：86-10-5761-0094 网址：http://www.bosc.cn/zh/khfw/khfw_lxwm/7071.shtml
67	方象知产信息科技研究院（北京）有限责任公司	服务机构	地址：北京市海淀区北太平庄路18号城建大厦A座25层 电话：86-10-8222-6809 网址：https://ipresearch.cn/
68	达信（中国）保险经纪有限公司	服务机构	地址：北京市朝阳区光华路1号北京嘉里中心北楼15层1506室 电话：86-10-6533-4057
69	高伟绅律师事务所	服务机构	地址：北京市朝阳区建国门外大街1号国贸大厦1座33楼100004 电话：86-10-6535-2288 传真：86-10-6505-9028 网址：www.cliffordchance.com
70	北京大成律师事务所	服务机构	地址：北京市朝阳区东大桥路9号侨福芳草地D座7层 电话：86-10-5813-7799 传真：86-10-5813-7788 网址：www.dachenglaw.com

续表

序号	机构名称	机构类型	联系方式
71	金杜律师事务所	服务机构	地址:北京市朝阳区东三环中路1号环球金融中心办公楼东楼20层 电话:86-10-5878-5588 传真:86-10-5878-5599 网址:www.kingandwood.com
72	安永(中国)企业咨询有限公司	服务机构	地址:北京市东城区东长安街1号东方广场安永大楼 100738 电话:86-10-5815-3000 传真:86-10-8518-8298 网址:www.ey.com/CN/zh/Home
73	德勤华永会计事务所有限公司北京分所	服务机构	地址:中国北京市东长安街1号东方广场东方经贸城德勤大楼8层 100738 电话:86-10-8520-7788 传真:86-10-8518-1218 网址:www.deloitte.com/view/zh_CN/cn/index.htm
74	毕马威 KPMG	服务机构	地址:中国北京东长安街1号东方广场毕马威大楼8层 电话:86-10-8508-5000 传真:86-10-8518-5111 网址:www.kpmg.com
75	清科财务管理咨询(北京)有限公司	服务机构	地址:北京市朝阳区东方东路19号亮马桥外交办公大楼D1座18层 电话:86-10-8453-5220 传真:86-10-8458-3425 网址:www.zero2ipo.com.cn
76	投中集团	服务机构	地址:北京市东城区东直门南大街11号中汇广场A座7层 电话:86-10-5978-6658 网址:www.chinaventure.com.cn

注:北京股权投资基金协会根据公开信息搜集整理。部分会员信息未收录其中。本表信息截止日期为2020年3月。

第 六 部 分

北京股权投资基金协会介绍

北京股权投资基金协会介绍

北京股权投资基金协会(简称"北京PE协会",英文:Beijing Private Equity Association,缩写为BPEA)成立于2008年6月20日,是由私募基金行业人士自愿联合发起成立,经北京市民政局核准登记的非营利性社会团体法人。协会以"标准化、市场化、国际化"为宗旨,专注于为中国私募基金行业各方提供独立、专业的咨询服务,通过专业培训、行业研究、会议服务、投融资对接等形式,助力行业蓬勃发展。

协会致力于:

促进行业环境建设,建立自律监管机制;

维护会员合法权益,研究行业发展动向;

培养相关专业人员,组织内外交流合作。

1. BPEA 研究板块:

1)《中国股权投资基金手册》

协会自2011年起出版的中国股权投资基金行业指导原则,已于2012年、2014年、2016年、2018年分别改版4次。

2)《中国母基金实践指引白皮书》

协会自 2017 年首次印刷出版的中国母基金实践指引,第一次大规模组织访谈了北京、上海、深圳等全国 22 家母基金的掌舵人和高管,深入实务操作,揭示了他们管理母基金的核心思路和实践经验。

3) 北京地区私募股权投资行业发展指数

北京 PE 指数以 2013 年上半年为基期,每半年编制发布一期,截至 2020 年 3 月已发布 14 期。

4)《北京地区股权投资行业报告》

协会已连续多年出版以北京地区为主的股权投资行业报告,于每年 5 月出版。

5)《政府引导基金名录(2020)》

自 2020 年 1 月开始,协会联合各地方行业协会、机构共同编制联合发布,截至 2020 年 3 月底共对外发布 4 期。

6)《首都金融》内刊杂志

《首都金融》内刊杂志为双月刊,主要面向市政府相关部门、金融管理部门和金融机构及各省级金融工作部门等免费发送。

7)《中国 PE 与 VC 专刊》

协会自创办之初发行的内部周刊,于 2019 年 11 月改为月刊,增加了月度投资案例分析。于每月第一周以电子版形式发送,截至 2020 年 3 月底已发行 510 余刊。

2. BPEA 培训活动

1) BPEA 月度培训

针对 PE/VC 法律、税务、行业动态培训,每月中下旬举办,已举办近百余期。

2) BPEA 管理系列培训

实操型 PE 培训课程涉及 PE 募集、投资、管理、退出及法律和税务六个环节,每期4天,每半年举办一次,已举办10余期。

3)专题培训

依据行业热点难点展开培训,已组织退出系列培训(共4期)、一带一路系列培训(共5期)等。

3. BPEA 其他活动

1)"投投适道"

项目对接会,已举办70余期。

2)行业政策研讨会

根据行业相关政策发布和实施热点不定期举办。

3)各专委会活动

已成立文化、特殊资产、跨境投融资、新三板、LP、并购、军民融合、人工智能等专业投资委员会,各专委会平均每月举行一次交流活动。

4. 政企服务

搭建机构与政府沟通桥梁,为机构提供基金注册、备案、税务、政策优惠落实等服务。

5. 全球 PE 北京论坛

BPEA 年度活动,每年12月初举办。

联系方式:

北京市西城区西直门外大街140号首建金融中心801(100044)

传真：86-10-8808-6229

Email：bpea@bpea.net.cn

网址：www.bpea.net.cn

官方微信账号：bpea-bpea

会员部：

联系人：杨小姐

联系方式：86-10-8808-7229

　　　　　86-10-8808-7035

Email：yyang@bpea.net.cn

协会公众号：bpea-bpea